Yd. 943. a.
8°

# VENTE

# EUGÈNE DELACROIX

# VENTE E. DELACROIX

## HOTEL DROUOT
Salle n° 5

# INVITATION

## l'Exposition réservée

QUI AURA LIEU

# POUR LES TABLEAUX

## le Lundi 15 Février

DE 1 HEURE A 5 HEURES

ET

# POUR LES DESSINS

## le Samedi 20 Février

DE 1 HEURE A 5 HEURES

À Monsieur Moreau

Charles Pillet, et Charles L'amm..
Commissaires Priseurs

Francis Petit et Godesc..
Experts

**TABLEAUX MODERNES**

**F. PETIT**

EXPERT

43, rue de Provence

PARIS

h. 1<sup>re</sup> 38

t. — 95.

Paris 14 Février 1864.

Monsieur,

L'exposition des tableaux laissés par M.
Delacroix commence lundi à une heure,
mais s'il vous était agréable de les voir avant,
nous serons très heureux de vous recevoir de
9 heures à midi ce jour là salle n° 5,
Hôtel Drouot, entrée par la rue Chauchat

Veuillez Monsieur
recevoir l'assurance de ma
parfaite considération.

F. Petit

Monsieur Moreau

## Beaux-Arts.

VENTE DELACROIX. — La première vacation a été une brillante victoire! Elle comprenait 86 tableaux et esquisses de peintures décoratives et elle a produit 85,000 fr. Pas un instant l'enthousiasme des amateurs ne s'est refroidi; les moindres ébauches, les toiles à peine couvertes d'un frottis étaient disputées avec une vivacité sans précédents, et lorsque l'esquisse de la *Bataille de Taillebourg* a été adjugée pour 7,500 fr., des applaudissements sont partis de tous les coins de la salle.

L'assemblée était brillante et nombreuse à ne pas tenir dans les salles étroites et étouffantes de l'hôtel. Nous avons reconnu parmi les amateurs, le marquis Maison, M. Berryer, MM. Barroilhet, Teste, Arosa, Et. Arago; parmi les artistes, MM. Dauzats, Stevens, Jadin, Diéterle, Riésener; parmi les journalistes, MM. Théophile Silvestre, Th. Thoré qui a si longtemps et si vaillamment combattu pour le maître regretté, et bien d'autres encore. Des admirateurs enthousiastes, des amis étaient venus tout exprès d'Amsterdam, d'autres de Bruxelles, d'autres encore de Bordeaux et de Lyon. Ces ventes posthumes de l'atelier des maîtres sont leurs véritables funérailles, et ces jours-là le public de l'hôtel se transforme en un cortège de clients.

L'esquisse de la *Pieta* de Saint-Den's du Saint-Sacrement a atteint 1,120 fr.; — celle d'un des hémicycles de la Chambre des députés, *Attila*, et celle d'un des pendentifs, *Numa et Egérie*, 1,960 fr.; c'est relativement aux dimensions (20 centimètres sur 30), mais non au charme de la composition, le prix le plus considérable de la vente et qui montre le mieux à quel diapason les esprits étaient montés. On a vu un avocat illustre pousser jusqu'à 1,530 fr. le *Cicéron accusant Verrès devant le peuple romain*, et s'avouer vaincu à 1,510 fr.

La répétition de l'esquisse du plafond de la *galerie d'Apollon* s'est arrêtée à 5,150 fr. La grande esquisse de cette admirable composition avait été retirée par le légataire de Delacroix, la veille même de l'exposition, au grand regret des amis de la gloire du maître.

*Le roi Jean à la bataille de Poitiers*, 4,700 fr. — *L'Assassinat de l'évêque de Liège*, première ébauche du tableau célèbre qui appartient à M. Villot, 2,135 fr. — *La Bataille de Nancy*, 4,500 fr. — *La Justice de Trajan*, esquisse magique, qui de près était à peine frottée et à quatre pas rendait toute l'apparence réelle du tableau, 1,600 fr. — *La Sibylle*, 3,350 fr. — *Le Soir d'une bataille*, peinture énergique, qui rappelait Géricault, 3,100 fr. — *Arabes ferrant un cheval*, 2,400 fr.

*Portrait d'un jeune homme coiffé d'un béret bleu*, étude très ancienne et d'une naïveté charmante, 1,250 fr.

*Cheval renversé par une lionne*, 1,000 fr. — *Deux Chevaux jouant dans la campagne*, 2,400 francs.

A demain de nouveaux détails. — PH. BURTY.

## Beaux-Arts.

VENTE DELACROIX. — Cette vente est un triomphe qui dépasse les espérances des plus fervents amis du maître. C'est une de ces réhabilitations posthumes comme notre pays seul en a le secret. Les lecteurs de la *Presse* n'ont point à en être surpris après les articles éloquents qu'au lendemain de la mort d'Eugène Delacroix M. Paul de Saint-Victor avait consacrés à son œuvre; mais ils seront frappés comme nous que les yeux des plus prévenus se soient subitement dessillés.

La seconde vacation a produit 91,945 francs!

Les quatre *Tableaux de fleurs et de fruits*, qui avaient, du reste, été si remarqués à l'Exposition universelle, se sont vendus isolément, et le total s'élève à 25,750 fr. — *La Mer vue des hauteurs de Dieppe* a été adjugée aux applaudissements de la foule, pour 3,650 fr.; cette étude, d'une vérité et d'une poésie incomparables, entré, nous a-t-on dit, dans la galerie du comte Duchâtel. — Les *Quatre Saisons*, que nous décrivions pour la *Presse*, l'an dernier, dans l'atelier même du peintre, et qui devaient rester, hélas! à l'état d'ébauches, ont produit ensemble 4,905 fr.

Les copies de Delacroix, d'après les maîtres, ont été très vivement disputées. *L'Enfant Jésus*, du tableau de Raphaël, la *Belle Jardinière*, 5,000 fr., et le *Jeune homme noir*, 3,250 fr. — Le *Concert* du Giorgione, 1,200 fr. — Les *Miracles de saint Benoît*, d'après le beau tableau de Rubens, qui appartient à M. Tenié, 6,500 fr. — *Henri IV confiant la régence à Marie de Médicis*, 1,950 fr., et le *Martyre de saint Just*, esquisse chaude et profonde peinte de souvenir, d'après le tableau donné par l'empereur au musée de Bordeaux, 1,010 fr.

On comprend que nous devons nous restreindre aux prix les plus importants. Ce qui donne une plus haute signification à cette vente, c'est moins les hauts prix que la moyenne imprévue à laquelle se sont maintenues les ébauches les plus sommaires. Un *Jésus endormi pendant la tempête* a monté jusqu'à 1,570 fr., prix auquel Delacroix a vendu bien peu de ses tableaux, même pendant les dernières années de sa vie.

On vend demain les études d'après nature et les toiles que lui-même avait achetées à la vente posthume de l'atelier de Géricault, qui se fit dans des circonstances bien différentes de celle-ci. — PH. BURTY.

— VENTE DELACROIX. Cette troisième et dernière vacation des peintures contenait les études d'après nature et les tableaux par divers maîtres. Elle a produit 54,000 environ fr., ce qui, joint au produit des deux premières, donne un total d'environ 230,000 fr. C'est déjà bien au delà de ce que l'on espérait, et les dessins nous réservent sans doute encore bien des surprises.

Les études d'après un *costume de Souliote* et celles d'après un *habitant de Calcutta* ont été vendues entre 400 et 650 francs; une étude de *casque circassien*, 1,200 francs; des armes orientales, yatagan, fusil incrusté d'ivoire, etc., 900 francs.

Les académies se sont vendues fort cher, une *Femme blonde*, assise et vue de face, rose et nacrée comme un Rubens, 420 fr.; une figure d'*Actéon*, datant de la jeunesse du maître ou au moins du moment où il peignait la *Barque du Dante*, 550 fr.

1<sup>re</sup>. Vacation.
2<sup>e</sup>. Vacation — 91.945.
3<sup>e</sup>. Vac. (jusqu'au ... ...) 54.000

Un *Cheval normand*, 1,200 fr. et presque tou-
s les moindres autres ébauches de 300 à 500 fr.
Quelques-uns de ces chevaux ne sauraient être
distingués des meilleurs morceaux de Géricault.—Une toile contenant cinq études de *lions*,
480 fr.

Un paysage, la vue générale des *Environs de
Champrosay*, là où était la maison de campa-
ne de Delacroix, qui l'a léguée à son parent,
Riesener. — Un *Paysage à l'automne*, 490
francs.

Les tableaux de Géricault que Delacroix a-
vait achetés à la vente posthume du maître, et
80 ou 100 francs pièce, ont eu un grand succès : un *Lancier hollandais*, de la garde de
Napoléon Ier, 3,210 fr.; — un *Cuirassier à che-*
val et vu de dos, moins chaud de tón que le
précédent, mais très robuste, 2,300 fr.; — le
*Martyre de saint Pierre* d'après le Titien, 1,060
francs; — la *Descente de Croix et Mars rete-*
nu par Vénus, d'après Rubens, 1,2.. et 1,100
francs; — la *Mère d'Hyacinthe Rigaud*, copie
supérieure à l'original pour la chaleur de l'exécution et de la couleur, 880 fr.

Les vacations sont extrêmement chargées.
Deux commissaires priseurs instrumentent à
tour de rôle et ce n'est point une petite beso-
gne que de dominer la foule houleuse, de suivre les enchères et de maintenir le bon ordre.
Les vacations s'ouvrent à deux heures très précises, l'heure indiquée sur l'affiche; espérons,
par parenthèse, que cet excellent précédent
fera loi pour l'avenir.

Demain aura lieu l'exposition des dessins,
aquarelles et pastels. Nous reprendrons cette
chronique lundi soir. Puisse le mot aimable et
plaisant qui circulait dans les groupes conti-
nuer à être juste : Cette vente est l'exaltation
Delacroix ! — PH. BURTY.

## Beaux-Arts.

Vendredi et samedi a eu lieu, au domicile d'Eugène Delacroix, 6, place Furstenberg, la vente d'une partie de son mobilier, de sa bibliothèque et de ses ustensiles d'atelier. Cette vente avait peu de signification : Delacroix avait légué la plus grande partie de ce qu'il laissait, à part ses dessins, à ses amis et à sa vieille gouvernante.

Parmi les livres, nous avons remarqué une suite à peu près complète des œuvres de Mme Sand, en éditions originales ; la collection de la Revue des Deux-Mondes, dans laquelle il a écrit quelques articles remarquables et si dignes d'être réunis en volumes. Nous avons acquis au passage un joli exemplaire d'Antony, avec une dédicace autographe d'Alexandre Dumas, « à son bien bon ami Eugène Delacroix. »

Un Anglais était venu hier pour acheter la ou les palettes du maître. Mais on avait eu le bon goût de les retirer avec l'intention probable de les offrir en souvenir à quelques admirateurs sincères.

Le produit de ces deux jours de vente forme avec celui des vacations dont nous avions rendu compte, un total d'environ 380,000 fr. en y comprenant le droit de 0/0 payé par les acheteurs.

Quoiqu'on ait dit, il n'y a point eu, à proprement parler, de prix exagérés. Il n'y avait à peu près point dans le commerce, avant cette vente, de dessins ni d'aquarelles de Delacroix, et tout le monde ayant été frappé de leur beauté, de leur franchise, de leur éclat, les prix se sont constamment maintenus. Les feuilles en lot ont trouvé un autre public, celui des artistes et des marchands hardis et bien avisés. Jusqu'à ce jour, loin qu'il y ait des symptômes de réaction, les marchands rachètent avec prime les pièces secondaires des lots.

Après les études décoratives, ce sont les animaux et les paysages qui ont obtenu le plus de succès. Les animaux surtout ont fait fureur. Un amateur, qui s'est brusquement révélé à cette vente, voulait tous les lions, et se propose, assure-t-on, de les faire reproduire en facsimile.

Les albums, les livres de voyage, les carnets de poche couverts de croquis à la plume, au crayon, à l'aquarelle et de notes de l'intérêt le plus varié ont été dispersés en vingt mains différentes. Un des albums du voyage au Maroc a été acheté pour le duc d'Aumale ; un autre, dont le journal l'Autographe reproduit aujourd'hui même deux pages, a été adjugé à l'un des collaborateurs de la Presse.

M. Arsène Houssaye a acquis la suite des pierres lithographiées par Delacroix, d'après des médailles antiques, interprétation vivante, toute nouvelle et toute féconde de l'art ancien ; M. Paul Meurice la suite des pierres pour l'Hamlet, lesquelles n'avaient été tirées qu'à fort peu d'exemplaires. — PH. BURTY.

## Beaux-Arts.

VENTE DELACROIX. — Ainsi que nous l'avions prévu — et en face de l'émotion générale nos prédictions n'avaient que peu de mérite — les dessins, aquarelles et les pastels d'Eugène Delacroix obtiennent relativement un succès plus grand encore que ses peintures.

On a vendu hier lundi une partie des dessins mis sous verre. Cette vacation a produit 39,261 fr.

Voici les principaux prix atteints : Groupe des Grecs illustres : Platon, Socrate, Xénophon, Aspasie, dans la coupole de la Bibliothèque du Luxembourg, 320 fr. — Hémicycles de la Chambre des députés : Orphée enseigne aux peuples barbares les arts de la paix, 205 fr. ; Attila foulant aux pieds de son cheval l'Italie conquise, 510 fr. ; Femmes et vieillards fuyant les barbares, 330 fr. — Pendentifs, de 250 à 650 fr. — Le dessin à la mine de plomb de l'un de ces pendentifs, l'Education d'Achille, plaisant singulièrement à Delacroix qui, dans son testament l'avait formellement désigné pour figurer à cette vente, l'enchère de 2,510 fr. qu'il a atteinte, a été couverte d'applaudissements. — Hercule terrassant un monstre, épisode de droite dans le plafond de la galerie d'Apollon au Louvre, 205 fr. — Héliodore chassé du Temple, panneau de droite dans la chapelle des Saints-Anges, à Saint-Sulpice, 1,500 fr. ; cette belle composition a été acquise, disait-on dans l'assemblée, pour le compte du duc d'Aumale ; portion inférieure de la même composition, 380 fr.

Un beau dessin au trait du Tasse dans la prison des fous, répétition de celui que possède M. Paul Meurice, 340 f. — Etude pour les Femmes d'Alger, du Musée du Luxembourg, 305 francs. — Cléopâtre, petit pastel d'un effet saisissant, 825 francs. — La Mort de Lara, énergique dessin à la plume, 410 fr. — L'Annonciation, dessin à la sépia, 480 fr. — Un Christ au jardin des Oliviers, sépia, 520 fr.

Weisslingen enlevé par les gens de Goetz de Berlichingen, épisode du drame de Goethe traduit avec une rare vigueur, 370 fr. ; — Faust et Méphistophélès fuyant, 510 fr. ; plusieurs autres scènes de Faust ont été acquises ou vivement disputées par M. Carvalho. — Cromwell devant le cercueil de Charles Ier, aquarelle de date ancienne et bien autrement tragique que la lourde peinture de Paul Delaroche, qui est au Musée de Nîmes, 1.010 fr. — La Mort d'Ophélie, 515 fr., et Hamlet et les fossoyeurs, 465 fr.

Cavalier arabe galopant, aquarelle, 760 fr. ; Marchand marocain à Tanger, 635 fr. ; Chasseur descendant un ravin, 655 fr. ; Chasseurs assis dans la campagne, 690 fr. ; Arabes assis sur le revers d'un chemin, 700 fr. ; un Corps de garde à Méquinez ; Passage d'un gué au Maroc, 400 fr.

Une très grande partie de ces dessins étaient des calques sur papier végétal, que Delacroix prenait après avoir ébauché sa composition. Aucun artiste n'a su conserver autant de chaleur dans cette opération définitive, et les amateurs ne s'y sont point trompés.

Demain mardi on continue la vente des dessins sous verre, et l'on commence le soir, à huit heures, la vente des dessins en feuilles ou par lots, en suivant l'ordre numérique du Catalogue.

Mercredi, la fin des dessins encadrés, et le soir continuation des dessins en feuille. Ainsi de suite pour le reste de la semaine. Chaque jour, à midi, exposition de ce qui doit être vendu le même jour.

Jusqu'à présent, nul symptôme de fatigue ne s'est manifesté, et le public montre le plus louable discernement pour les morceaux de valeur. Un grand nombre d'artistes distingués assistaient aujourd'hui à la vente et se montraient des plus empressés. M. Reiset, conservateur des peintures et dessins au Louvre, a, dit-on, fait quelques acquisitions.

A demain les scènes d'animaux et les belles études du voyage au Maroc. — PH. BURTY.

# CATALOGUE

## DE LA VENTE

### QUI AURA LIEU PAR SUITE DU DÉCÈS

DE

# EUGÈNE DELACROIX

## HOTEL DROUOT

~~~~~~~~~~~~

<table>
<tr><td>COMMISSAIRES-PRISEURS</td><td>EXPERTS</td></tr>
<tr><td>M<sup>e</sup> Charles PILLET</td><td>M. Francis PETIT</td></tr>
<tr><td>RUE DE CHOISEUL, N<sup>O</sup> 11.</td><td>RUE DE PROVENCE, N<sup>O</sup> 43.</td></tr>
<tr><td>M<sup>e</sup> Charles LAINNÉ</td><td>M. TEDESCO</td></tr>
<tr><td>RUE RICHER, N<sup>O</sup> 49.</td><td>RUE SAINT-MARTIN, N<sup>O</sup> 188.</td></tr>
</table>

~~~~~~~~~~

## ORDRE DES VACATIONS

*à la page suivante.*

~~~~~~~~~~

PARIS

DE L'IMPRIMERIE DE J. CLAYE

RUE SAINT-BENOIT, 7

1864

# TABLEAUX

*Esquisses terminées des travaux décoratifs.*

*Tableaux inachevés et esquisses.*

*Copies d'après les anciens maîtres.*

*Études de figures, Chevaux, Animaux, Paysages, Fleurs, etc.*

---

*Tableaux par Géricault, Diaz, Ph. Rousseau, Jordaens, etc.*

EXPOSITION PUBLIQUE, le mardi 16 février 1864.
VENTE, les mercredi 17, jeudi 18 et vendredi 19.

# DESSINS

*Études pour les travaux décoratifs.*

*Aquarelles, Sépias et Dessins de compositions diverses.*

*Études d'après nature, Figures, Costumes, Animaux, Fleurs, etc.*

*Voyages au Maroc, en Espagne, en Angleterre, etc.*

*Dessins d'après l'antique et les anciens maîtres.*

---

*Dessins par Meissonier, Bonington, Géricault, etc.*

EXPOSITION PUBLIQUE, le dimanche 21 février 1864.
VENTE, du lundi 22 au samedi 27, à 2 h. précises.

# EAUX-FORTES, LITHOGRAPHIES

## PIERRES LITHOGRAPHIÉES

*Faust, Hamlet, Gœtz, Animaux, Médailles, etc.*

---

*Eaux-Fortes et lithographies par Bonington, Géricault, Goya,
Huet, Raffet, etc.*

*Gravures aciennes et modernes, Ouvrages divers, Photographies, etc.*

EXPOSITION PUBLIQUE, le dimanche 28 février 1864.
VENTE, le lundi 29, à 2 heures précises.

Les plâtres, chevalets, ustensiles et objets d'atelier, seront vendus,
le mardi 1er mars, au domicile de M. Eug. Delacroix,
rue Furstenberg, n° 6, Paris.

DELACROIX (Ferdinand-Victor-Eugène), dont la mort laisse un vide si grand dans l'École contemporaine, était né à Charenton-Saint-Maurice, le 26 avril 1798 (8 floréal an vi). Son père, Charles Delacroix, avait été successivement député à la Convention, membre du conseil des Cinq-Cents, ministre des relations extérieures pendant le Directoire &, sous l'Empire, préfet des Bouches-du-Rhône & de la Gironde.

Ce fut à Marseille & à Bordeaux que s'écoula la première enfance de Delacroix. Après la mort de son père, en 1805, il fut amené à Paris par sa mère, & fit ses études au collége Louis-le-Grand, alors Lycée impérial.

Peu de temps après sa sortie du collége, Eugène Delacroix, dont la vocation s'était déjà

révélée, entra à l'atelier de Guérin & suivit assi-
dûment les cours de l'École des Beaux-Arts,
depuis les premiers mois de 1816 jusqu'à la fin
de 1822. Lié d'amitié avec Géricault, à ce point
que celui-ci lui confia l'exécution d'un tableau
du « Sacré Cœur de Jésus », dont il avait reçu la
commande à la suite du Salon de 1819, il ne
cessa, pendant cette période de sa jeunesse, de
se livrer aux études les plus consciencieuses.

En 1822, Delacroix exposa son premier tableau : « Dante & Virgile, conduits par Phlégias,
traversent le lac qui entoure les murailles de la
ville infernale de Dité ». Loué par Prud'hon, alors
presque mourant, complimenté par Gros, qui
voyait dans cette composition énergique « du Rubens châtié »; recommandé par Gérard, le jeune
artiste reçut de M. Thiers, dans le Constitution-
nel, des éloges qui désignaient tout particuliè-
rement son œuvre à l'attention publique. « .... Je
« ne sais, écrivait M. Thiers, quel souvenir de
« grands maîtres me saisit à l'aspect de ce ta-
« bleau... »

La « Scène des Massacres de Scio » fut ac-
cueillie, au Salon de 1824, avec autant de faveur;
mais cette peinture, plus personnelle que ne
l'était le « Dante & Virgile », effraya, par la vigueur
de la donnée & par l'éclat même de l'exécution,
les maîtres qui s'étaient montrés indulgents aux
débuts de Delacroix.

Trois ans après (1827), la « Mort de Sardana-

pale » était l'objet de critiques ardentes & deve-
nait pour l'École classique le point de départ
d'attaques plus passionnées que justes. Delacroix
fut déclaré, bien à son corps défendant, le chef
du romantisme en peinture, & rendu invariable-
ment responsable des excès d'un mouvement alors
dans toute son effervescence.

Nous n'avons pas à défendre ici le peintre à
qui l'on doit les *Femmes d'Alger dans leur appartement*, la *Prise de Constantinople*, les *Peintures murales
de la Chambre des députés et de la Chambre des pairs*,
le *Plafond de la Galerie d'Apollon*. Nul maître, dans
notre école, n'a montré plus de nouveauté & de
distinction dans le choix des sujets héroïques.
Nul n'a su mieux traduire, avec le crayon ou le
pinceau, l'originalité, la tendresse, la passion du
Dante, de l'Arioste & du Tasse, de Shakespeare,
de Byron & de Gœthe. Nul n'a pénétré plus à
fond les secrets de la couleur & ne lui a prêté
une éloquence plus saisissante.

Quant à la doctrine sévère que Delacroix pro-
fessait & qu'il savait exprimer dans un langage
des plus élevés, qu'il nous suffise de rappeler
entre autres ses intéressantes notices sur Poussin, sur Gros, sur Prud'hon, & ses « Questions
sur le beau ».

La vie d'Eugène Delacroix ne fut cependant
qu'une longue suite de luttes, suscitant des admi-
rations enthousiastes & des négations violentes,
jusqu'au jour où l'envoi de la plus grande partie

de son œuvre à l'Exposition universelle de 1855 lui valut du public, des artistes & du jury international la plus haute & la plus légitime réhabilitation.

Eugène Delacroix, décoré à la suite du Salon de 1831, fut fait officier de la Légion d'honneur en 1846, commandeur en 1855, & fut admis à l'Institut en 1857.

C'est dans les pages écrites, au milieu même de la lutte, par MM. Vitet & Théophile Gautier, pour ne citer que ces deux noms parmi les nombreux écrivains qui lui ont prêté le constant appui de leur talent, qu'il faut relire l'histoire des travaux d'Eugène Delacroix; c'est dans les pages qu'écrivent en ce moment des amis dévoués, qu'il faudra chercher les traits de cet esprit supérieur, de cette volonté calme, de ce génie ardent & si amoureux à la fois du recueillement & du travail, qui s'est éteint après une longue & douloureuse maladie, le 13 août 1863.

Les travaux décoratifs viennent en premier lieu dans ce catalogue.

Exécutées pour la plupart dans des palais peu accessibles, ces compositions toujours grandioses & toujours ingénieuses, qui témoignent à la fois de la science de la décoration & de la vaste instruction d'Eugène Delacroix, sont en quelque sorte inconnues. Le *Salon du roi* & la *Bibliothèque de la Chambre des députés*, la *Coupole de la Chambre des pairs*, le *Plafond de la Galerie d'Apollon* sont ici représentés par des esquisses ou des réductions qui résument le charme & la puissance des peintures murales elles-mêmes.

Parmi les tableaux, parmi les esquisses terminées de ses grandes toiles, que Delacroix avait conservées, nous citerons une répétition de la *Mort de l'évêque de Liége*, les esquisses de la *Bataille de Taillebourg* & de la *Bataille de Nancy*, le *Roi Jean à la Bataille de Poitiers*, la *Sibylle* (Salon de 1845), et les *Fleurs et Fruits*, si remarqués à l'Exposition universelle de 1855, des Épisodes de la vie arabe et des Compositions qui, bien qu'inachevées, portent déjà d'une façon frappante l'empreinte inimitable de son originalité.

Les études peintes par Delacroix d'après les maîtres anciens offrent un intérêt qui n'échappera à personne. Ses copies d'après le portrait de *Jeune homme habillé de noir*, au Musée du Louvre, & d'après l'*Enfant Jésus* dans la « Belle Jardinière », celles d'après les plus belles toiles de l'*Histoire de Marie de Médicis*, de Rubens, montrent à quel respect il sut s'astreindre, à tous les moments de sa vie, envers les maîtres de toutes les Écoles

Après les académies & les paysages, les *Études* de costumes éclatants, de lions, de tigres, de chevaux, etc., qui ont été les confidentes du travail & des émotions de Delacroix, nous avons placé des toiles qui ornaient les murs de son atelier & de son appartement, & qu'il affectionnait pour leur beauté propre autant que pour les souvenirs qu'elles lui rappelaient : un *Buste de Vieillard,* par Jordaens, dix-huit *Peintures* & *Études,* par Géricault, acquises pour la plupart à la vente posthume du jeune maître, & l'une des plus frappantes aquarelles que nous connaissions de M. Meissonier, un *Épisode de guerre civile.*

Les dessins, pastels ou aquarelles sont au nombre d'environ six mille[1]. Ils représentent, on peut le dire, l'histoire entière de la vie d'artiste d'Eugène Delacroix.

Ce sont ses *Études préparatoires* pour ses peintures murales & pour ses tableaux, témoignant de la clarté avec laquelle il savait exprimer une pensée longuement mûrie, & des soins qu'il prenait des moindres détails d'arrangement.

Ce sont des *Aquarelles* exécutées avec un éclat & une vigueur sans rivale, des *Traits d'histoire,* des *Scènes de mœurs* pleines de fantaisies, des *Jeux* et des *Combats de chevaux et d'animaux;* & l'on sait

---

1. Tous ces dessins, pastels, aquarelles, sépias, croquis au crayon ou à la plume, etc., ont été sans exception frappés d'un timbre sec spécial contenant les lettres E. D. Un cachet semblable a été également opposé au dos de chacune de ses peintures.

la grâce sauvage & la majesté qu'il imprimait aux chevaux arabes, aux lions & aux tigres.

Ce sont les aquarelles et les dessins de son *Voyage au Maroc*, suite unique d'études aussi brillantes que scrupuleusement exactes, de types & de costumes, d'épisodes & de paysages; notes qu'il prenait au jour le jour sur le pommeau de la selle ou dans la tente de l'Arabe, dans les rues de Méquinez ou dans le palais d'Abd-err-Rahman avec la préoccupation d'écrire au retour l'histoire illustrée de son voyage. Il retrouvait dans ces peuplades, dont la beauté n'a point encore été altérée par la civilisation européenne, mille traits de la vie antique. L'impression qu'il en rapporta demeura ineffaçable & lui inspira plus d'un de ses chefs-d'œuvre.

Viennent enfin, dans l'ordre de ce catalogue, les *Eaux-fortes* & les *Lithographies* d'Eugène Delacroix. Les *Médailles*, le *Tigre royal* & le *Lion du désert*, le *Gœtz de Berlichingen*, le *Faust* & l'*Hamlet* sont des dates pleines d'intérêt dans la vie du maître. De belles épreuves de toutes ces pièces ne sont-elles point d'ailleurs autant de dessins originaux où l'on retrouve dans toute leur saveur juvénile sa personnalité, sa verve & sa poésie?

Qu'on ne soit donc surpris ni du nombre, ni de la perfection des études d'Eugène Delacroix d'après la nature, d'après l'antique, d'après les maîtres de toutes les Écoles, de ses projets de compositions, de ses variantes, de ses recherches incessantes dans les manuscrits ou dans les recueils gravés, de ses croquis faits à tout instant & avec la plus surprenante intelligence de la forme, du mouvement & de la couleur, en Angleterre, au Maroc, en France, dans les musées & dans les bibliothèques, dans l'atelier, au théâtre ou dans la rue. Qu'on étudie ses dessins à la plume & au crayon, ses calques successifs & toujours plus près de la perfection, à l'aide desquels il élucidait sa pensée & corrigeait son ébauche... C'était comme une gymnastique sévère qu'il imposait sans relâche à son intelligence, à ses yeux, à son crayon, à son pinceau, & à laquelle il a dû l'abondance sereine de ses compositions, & leur charme & leur éclat.

Delacroix attachait, & non sans raison, le plus haut prix à ses cartons; il ne les ouvrait que pour ses élèves ou pour ses amis les plus intimes. Il ne les a jamais vidés pour en tirer profit. Il voulait qu'après sa mort ils vinssent comme un argument solennel protester contre les reproches incessants d'improvisation & de facilité qu'on lui adressait, & prouver qu'une facilité semblable à exprimer l'idée sans le secours préalable de l'étude la plus persistante eût été un phénomène sans exemple dans l'histoire de l'art.

Ses tableaux & ses dessins ont été sa préoccupation suprême. A son lit de mort, après avoir distribué, par son testament, de touchants souvenirs à ses proches & à cette seconde famille que composent les amis de cœur, Eugène Delacroix exprima le désir que la vente publique de son œuvre posthume fût faite dans les deux ans qui suivraient son décès & qu'elle fût dirigée par MM. Francis Petit & Tedesco. Il désigna MM. Pérignon, Dauzats, Carrier, le baron Schwiter, Andrieu, Dutilleux & Burty pour classer ses dessins.

Puissions-nous, en ayant accompli de notre mieux cette tâche, n'avoir point failli au dernier vœu d'Eugène Delacroix!

PH. BURTY.

# PEINTURES

~~~~~~~

## EXPOSITION PUBLIQUE

## Le Mardi 16 Février 1864

DE ÛNE HEURE A CINQ HEURES

Salles n° 5 et n° 4


## VENTE

Les Mercredi 17, Jeudi 18 et Vendredi 19 Février

A DEUX HEURES PRÉCISES

Salle n° 5

1

# PEINTURES

---~~~---

## Travaux décoratifs

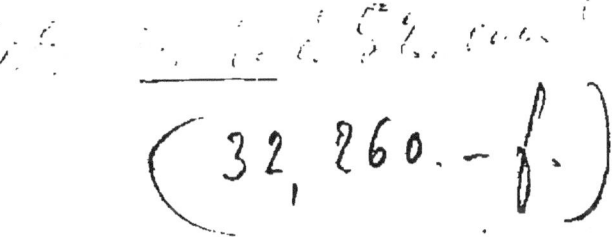

( 32, 260. - f. )

### CHAMBRE DES DÉPUTÉS

(SALON DU ROI, 1837-38)

1. — La Justice.

2. — La Guerre.

3. — L'Industrie.

4. — L'Agriculture.

Esquisses des figures occupant les caissons du plafond.

(Dimensions de ces quatre esquisses : Haut., 16 cent.; — larg., 35 cent.)

*300.*

5. — La Sagesse et la Vigilance; le Génie vengeur poursuivant les crimes.

Esquisse d'un des pendentifs.

(Haut., 50 cent.; — larg., 61 cent.)

*125. 55.*

6. — Deux projets pour des détails de décoration non exécutés.

## ÉGLISE SAINT-DENIS DU SAINT-SACREMENT

### (CHAPELLE DE LA VIERGE, 1843)

*1,120.*

7. — La Pietà.

La Vierge, entourée des disciples et des saintes femmes, s'évanouit en tenant sur ses genoux le corps du Christ.

Esquisse différant de la composition exécutée.

(Haut., 30 cent.; — larg., 42 cent.)

## PALAIS DU LUXEMBOURG

### (BIBLIOTHÈQUE, 1845)

*295. 185. 480.*

8. — Homère, avec les poëtes Ovide, Horace et Lucain, reçoit, dans l'Élysée, le Dante, qui leur est amené par Virgile.

Fragment de la décoration de la coupole.

Deux esquisses : l'une ébauchée en grisaille, l'autre au trait.

(Haut., 47 cent.; — larg., 58 cent.)

*50 ✗* 9. — Alexandre, après la bataille d'Arbelles, fait enfermer dans une cassette d'or les œuvres d'Homère.

*Piot.*

Voussure de la croisée.

Esquisse, de forme hémisphérique.

*20 ✗* 10. — Orphée; — Aristote; — Cicéron; — Saint Jérôme.

*a 14. Hero.*

Projets de figures pour les pendentifs. (Haut. et larg., 15 cent.)

*00.* 11. — Figure d'Orphée.

*Leighton.*

Autre projet non exécuté. (Haut., 25 cent.; — larg., 27 cent.)

# CHAMBRE DES DÉPUTÉS

### (BIBLIOTHÈQUE, 1847)

*30.* 12. — Orphée apporte la civilisation aux peuples barbares et leur enseigne les arts de la paix.

*Aubry.*

*50 ✗* 13. — Attila, suivi de ses hordes, foule aux pieds de son cheval l'Italie conquise et ses monuments. *H. — 36. — L. 93. e*

*Vente ... Rousseau du 4. avril 1868. 2,350./. — a cheté par M. Hero.*

Esquisses, de forme semi-hémisphérique, des deux hémicycles.

*125. ✗* 14. — Aristote décrit les animaux que lui envoie Alexandre. *( H. 20. — L. 24. )* *a M. Tesste.*

*740.* 15. — Mort de Pline pendant l'éruption du Vésuve.

*aubry.*

*400.*

16. — Hippocrate refuse les présents du roi de *Norme*
Perse.                                          *Vte Piro*

*1,140.*

✗ 17. — Les Bergers chaldéens, inventeurs de l'as- *après*
tronomie. *Pirou.—* H. 24. L. 30ᶜ.   *21. avril*
                                                    *56*

*100.*

✗ 18. — Mort de Sénèque. H. 27. L. 22. *au bâtis* *Dehan*

*540.*  ✗ 19. — Numa et Égérie. H. 24. L. 28. *Hce Carlin* *29 ans*
        *Pirou..*   (*grisaille. — confié !*    *4.1*

*830.*

20. — Licurgue consulte la Pythie.   *Leyghtou.*

*1,540. +*

21. — Cicéron accuse Verrès devant le peuple
romain.                                          *Hercus*

*500 -*

22. — Démosthène s'exerce à la parole sur le *Pold*
.bord de la mer. .

*750. +*

23. — Saint Pierre trouve dans un poisson la *Vte C-13*
drachme pour payer le tribut. H. 24. L. 30. *1865.*
        *H. Rousseau.*                        *300*

*1.020.*

24. — Ovide exilé en Thrace.                    *Thné.*

*1.000 .+*

25. — Éducation d'Achille par le Centaure.      *B enya*

*~~1.000~~ +*
*1540.*

26. — La Muse inspirant Hésiode. *Rousseau.* *Vte Pirou- 21. août 186*
                                              *9 657*
(Dimensions de ces treize pendentifs : Haut., 24 cent.; — larg., 30 cent.)

*900 .+*

27. — La Muse inspirant Hésiode.   *Vte M J Schauberg*
Répétition, en grisaille.                      *17 Janvier 1*
*Maro . ~*      (Haut., 24 cent.; — larg., 30 cent.)
                                              *4.000*

# GALERIE D'APOLLON AU LOUVRE

PLAFOND (1849-51)

## 28. — Apollon vainqueur du serpent Python.

M. Eugène Delacroix, lorsque la Galerie fut ouverte au public (juin 1851),
distribua à ses amis une notice imprimée dans laquelle il avait lui-même
décrit en ces termes cette composition grandiose : « Le dieu, monté sur
« son char, a déjà lancé une partie de ses traits ; Diane, sa sœur, volant à
« sa suite, lui présente son carquois. Déjà, percé par les flèches du dieu de
« la chaleur et de la vie, le monstre sanglant se tord en exhalant dans une
« vapeur enflammée les restes de sa vie et de sa rage impuissante. Les
« eaux du déluge commencent à tarir, et déposent sur les sommets des
« montagnes ou entraînent avec elles les cadavres des hommes et des ani-
« maux. Les dieux se sont indignés de voir la terre abandonnée à des
« monstres difformes, produits impurs du limon. Ils se sont armés comme
« Apollon. Minerve, Mercure, s'élancent pour les exterminer en attendant
« que la sagesse éternelle repeuple la solitude de l'univers. Hercule les
« écrase de sa massue ; Vulcain, le dieu du feu, chasse devant lui la nuit
« et les vapeurs impures, tandis que Borée et les Zéphyrs sèchent les eaux
« de leur souffle, et achèvent de dissiper les nuages. Les Nymphes des
« fleuves et des rivières ont retrouvé leur lit de roseaux et leur urne encore
« souillée par la fange et par les débris. Des divinités plus timides contem-
« plent, à l'écart, ce combat des dieux et des éléments. Cependant, du haut
« des cieux, la Victoire descend pour couronner Apollon vainqueur ; et
« Iris, la messagère des dieux, déploie dans les airs son écharpe, symbole
« du triomphe de la lumière sur les ténèbres et sur la révolte des eaux. »

Dans la partie inférieure de la toile sont librement indiqués quelques-uns
des ornements qui, dans la Galerie, servent de cadre au plafond.

Esquisse du plafond.

(Haut., 1 mèt. 29 cent. ; — larg., 97 cent.)

## 29. — Répétition de cette même composition.

(Haut., 1 mèt. 29 cent. ; — larg., 97 cent.)

## 30. — Première pensée de cette composition.

Dans cette esquisse, le combat d'Apollon contre les Ténèbres est plus spécifié,
et la scène se passe entièrement dans les espaces célestes.

(Haut., 70 cent. ; — larg., 65 cent.)

# HOTEL DE VILLE DE PARIS

## (SALON DE LA PAIX, 1853)

*1260.* † 31. — La Paix vient consoler les hommes.

Esquisse du plafond.

(Forme ronde; diamèt., 78 cent.)

*105.* 32. — Vénus.

*220.* 33. — Bacchus couché sous une treille.

*70.* 34. — Mars enchaîné.

*155.* 35. — Mercure, dieu du commerce.

*185.* 36. — La muse Clio.

*140.* 37. — Neptune apaisant les flots.

*200.* 38. — Minerve, déesse des arts.

*245.* 39. — Cérès au milieu des moissons.

Esquisses des figures occupant les caissons de l'encadrement du plafond.

(Dimensions de ces huit esquisses : Haut., 18 cent.; — larg., 36 cent.)

*460.* 40. — Hercule enfant, trouvé par Junon et Minerve.

*480.* 41. — Il rapporte vivant, sur ses épaules, le sanglier d'Érymanthe.

*270.* 42. — Hercule entre la Vertu et la Volupté.

*10,* 43. — Il écorche le lion de Némée. *a h^{lle} Ludndinre Colonna.*

*65.* 44. — Il délivre Hésione. *Delille.*

*70. †* 45. — Il étouffe Antée. ~~Maze...~~ *— a h Hero = 2.000.*
( *Voir Repos. G... du Bois.*)

*80.* 46. — Il est vainqueur d'Hippolyte, reine des *Dijean.*
Amazones.

*10.* 47. — Il enchaîne Nérée. ~~...~~ *a h^{...} aveza.*

*50.* 48. — Il dompte et tue le Centaure. *Dijean.*

*20.* 49. — Il ramène Alceste du fond des Enfers. *Duportal.*

*50.* 50. — Il se repose de ses travaux. *Carvalho.*

Esquisses des figures occupant le dessus des fenêtres et des
portes. Forme hémisphérique.

( Dimensions de ces onze esquisses : Haut., 22 cent. ; — larg., 46 cent. )

---

## ÉGLISE SAINT-SULPICE

(CHAPELLE DES S^{te}-ANGES, 1861)

*60.* 51. — L'Archange saint Michel terrassant le *a h^{...}* ~~Lagout~~ *Porgès.*
démon.
Première pensée du plafond.
Esquisse. (Haut., 47 cent. ; — larg., 62 cent.)

*50. +* 52. — Héliodore chassé du temple qu'il veut dé- *a h^{...} Lepeaut.*
pouiller de ses trésors.
Esquisse de la composition occupant la partie droite dans la chapelle.
( Haut., 55 cent. ; — larg., 88 cent. )

*a h^{...} audrieu.*
*Duponchre une second...*

*L'Esquisse appartient à h^{...} audrieu.*

# PEINTURES.

*(86.835. f.)*

# Tableaux et Sujets divers

*( le 53 — à 96. incl. )*

**560.** †  **53.** — **L'Empereur Justinien composant ses lois.** *Corot*

Esquisse du tableau qui est dans une des salles du Conseil d'État.

(Haut., 55 cent.; — Larg., 46 cent.)

**4,700.** †  **54.** — **Le roi Jean à la bataille de Poitiers.** *Bon Delrz*

Son jeune fils, Philippe le Hardi, cherche à le protéger dans
la mélée.

Esquisse du tableau appartenant à M. le vicomte d'Osembray.

(Haut., 55 cent.; — larg., 65 cent.)

**2,125.** †  **55.** — **L'Évêque de Liége.** *Petit*

Guillaume de La Marck, surnommé le Sanglier des Ardennes,
s'est emparé du château de l'évêque de Liége. Au milieu
d'une orgie, placé sur le trône pontifical dans la grande
salle, il se fait amener l'évêque, revêtu en dérision de ses
habits sacrés, et le laisse égorger en sa présence.

Variante du tableau appartenant à M. Frédéric Villot. *(Montigué.)*

(Haut., 59 cent.; — larg., 72 cent.)

**4,500.** †  **56.** — **Bataille de Nancy. Mort du duc de Bour-
gogne, Charles le Téméraire, le 5 janvier 1477.** *bon Jules de 1854*

Le duc, aigri par ses derniers désastres, livre cette bataille
contre toute prudence, ayant la neige à la figure et par un
temps glacé qui fit la perte de sa cavalerie. Lui-même,
embourbé dans un étang, fut tué, au moment où il s'effor-
çait d'en sortir, par un chevalier lorrain.

Esquisse du tableau qui appartient au musée de Nancy. *le Bon de Laage.*

(Haut., 47 cent.; — larg., 69 cent.)

**11.885.**

**57. — Bataille de Taillebourg, gagnée par Saint-Louis, 21 juin 1242.**

Le roi saint Louis, emporté par son ardeur, franchit le pont
de Taillebourg sur la Charente, gardé par l'armée anglaise.
A peine suivi, il se trouve engagé dangereusement, après
avoir culbuté les premiers postes, qui avaient tenté de s'op-
poser à son action. Les Français, en s'élançant à sa suite,
se nuisent par leur emportement même et par l'encombre-
ment du passage. Un grand nombre d'entre eux traversent
la rivière à la nage pour secourir le roi.

Esquisse du tableau qui est au musée de Versailles.

(Haut. 53 cent. ; — larg., 66 cent.)

**58. — Justice de Trajan.**

Une veuve était là, de douleur insensée,
S'efforçant d'arrêter la marche commencée.
Autour de l'empereur s'agitaient des drapeaux,
Et la terre tremblait sous les pieds des chevaux.

Esquisse du tableau qui est au musée de Rouen.

(Haut., 60 cent. ; — larg., 40 cent.)

**59. — Marc-Aurèle mourant.**

Il recommande la jeunesse de son fils Commode à quelques
amis, philosophes et stoïciens comme lui. Mais leur morne
attitude n'annonce que trop la vanité de ses recommanda-
tions et leurs funestes pressentiments sur l'avenir de l'empire romain.

Esquisse du tableau qui est au musée de Lyon.

(Haut., 26 cent. ; — larg., 32 cent.)

**60. — La Sibylle.**

Elle montre, au sein de la forêt ténébreuse, le rameau d'or,
conquête des grands cœurs et des favoris des dieux.

Ce tableau a figuré au salon de 1845, ainsi qu'à l'Exposition universelle de 1855.

Signé : *Eug. Delacroix.*

(Haut., 1 mètre 30 cent. ; — larg., 90 cent.)

*25.335.*

*1,300.*

**61. — Saint Étienne.**

Après son martyre, des disciples et des saintes femmes viennent pieusement relever son corps pour l'ensevelir.

Esquisse du tableau qui est au musée d'Arras.

( Haut., 41 cent. ; — larg., 34 cent.)

*1,120.*

**62. — Démosthène s'exerçant à la déclamation
sur le rivage de la mer.**

( Haut., 46 cent. ; — larg., 36 cent.)

*1,205.*

**63. — Roger enlevant Angélique sur l'hippogriffe.**

Signé : *Eug. Delacroix.*

( Haut., 24 cent. ; — larg., 30 cent.)

*850.*

**64. — Andromède délivrée par Persée.**

( Haut., 42 cent. ; — larg., 33 cent.)

*710.*

**65. — Ariadne abandonnée.**

( Haut., 32 cent. ; — larg., 24 cent.)

*3,100.*

**66. — Le Soir d'une bataille.**

Un cuirassier blessé, presque mourant, se soulève au milieu
des cadavres de chevaux qui l'entourent.

Cette peinture, exécutée vers 1826, est signée : *Eug. Delacroix.*

( Haut., 46 cent. ; — larg., 55 cent.)

*540.*

**67. — Sujet inspiré par une ballade écossaise.**

( Haut., 25 cent. ; — larg., 32 cent.)

*2,400.*

**68. — Arabes ferrant un cheval.**

( Haut., 50 cent. ; — larg., 61 cent.)

*705.*

**69. — Odalisque étendue sur un divan.**

( Haut., 38 cent. ; — larg., 45 cent.)

*37,265.*

65.

80 .✗ 70. — Femme juive d'Alger assise dans un intérieur.
(Haut., 32 cent. ; — larg., 24 cent.)

*Bon Dijean*

*p.te C. 13 avril 1865.*
*245.1*

85. 71. — Chef marocain.
(Haut., 26 cent. ; — larg., 17 cent.)

*hols. —*

10. 72. — Femme nue couchée.
(Haut., 24 cent. ; — larg., 32 cent.)

*c hi: Hero.-*

35.✗ 73. — Tête de vieille femme.
Cette peinture a figuré à l'Exposition universelle de 1855.
(Haut., 40 cent. ; — larg., 32 cent.)

*peinte en 1823.*

50 .✗ 74. — Portrait de jeune homme à mi-corps, coiffé
d'un béret bleu.
(Haut., 40 cent. ; — larg., 32 cent.)

*Lecomte.*

90 .✗ 75. — Portrait de M. Thalès Fielding.
(Haut., 32 cent. ; — larg., 24 cent.)

*Pirou.*

*peint en 1824. - 21 avril 1865.*
*105 f —*

800. 76. — Grec debout, tenant un fusil.
(Haut., 46 cent. ; — larg., 35 cent.)

*peint en 1825. Perrée.*

600. 77. — Turc assis, accoudé sur une table.
(Haut., 32 cent. ; — larg., 24 cent.)

*Bono.*

320. 78. — Chevalier revêtu de son armure.
(Haut., 24 cent. ; — larg., 21 cent.)

*Duponthal*

350. 79. — Cavalier turc au galop.
(Haut., 14 cent. ; — larg., 33 cent.)

*Cadart.*

900 .✗ 80. — Cheval renversé par une lionne.
(Haut., 33 cent. ; — larg., 42 cent.)

185.

*2,400* ✗     81. — Deux chevaux jouant dans la campagne. *(dapa*   *Del.Ile.*

(Haut., 35 cent.; — larg., 45 cent.)

*1,605.* ✗     82. — Chevaux en liberté. *( Van Kuyck*   *750*

Signé : *Eug. Delacroix, 1827.*
*acheté par Van Cuyck*    (Haut., 27 cent.; — larg., 32 cent.)

*250.*     83. — Cheval dans un pâturage.

(Haut., 15 cent.; — larg., 22 cent.)

*300.*     84. — Cheval bai attaché à un poteau dans la campagne.

(Haut., 18 cent.; — larg., 20 cent.)

*495.*     85. — Lions à l'entrée d'une caverne. *H Gariel.*

(Haut., 24 cent.; — larg., 32 cent.)

*750.*     86. — Lion étreignant un crocodile. *Haro .*

(Haut., 32 cent.; — larg., 41 cent.)

*5.000.* ✗     87. — Groupe de marguerites et de dahlias dans un parterre.

*7,750.* ✗     88. — Corbeille de fleurs renversée dans un parc.

*6.000.* ✗     89. — Hortensias sur le bord d'un étang.

*7.000.* ✗     90. — Corbeille posée dans un jardin, contenant des raisins, des pêches, etc.

Les quatre tableaux qui précèdent ont figuré au Salon de 1849 et à l'Exposition universelle de 1855.

(Haut., 1 mèt. 5 cent.; — larg., 1 mèt. 40 cent.)

91. — Bouquet de fleurs dans un vase de grès.

Signé : *Eug. Delacroix, 1847.*

(Haut., 63 cent.; — larg., 53 cent.)

*76.735.*

*135.*

*820* . 92. — Fleurs en bouquet. *Choquet.*
(Haut., 31 cent.; — larg., 43 cent.)

*900* . 93. — Intérieur d'église. *Livoiès.*
(Haut., 35 cent.; — larg., 32 cent.)

*105* . 94. — Intérieur de chapelle. *Dojean.*
(Haut., 35 cent.; — larg., 26 cent.)

*800* ✗ 95. — La chambre de M. Eugène Delacroix dans
sa jeunesse. *Ptit.*

Signé : *E. Delacroix.*
(Haut., 40 cent.; — larg., 32 cent.)

*225.* 96. — Intérieur d'un cellier de paysan. *Gibert.*
(Haut., 40 cent.; — larg., 32 cent.)

*600* 97. — Écureuil, bouteille, gargoulette, etc., sur *a. h. Haro.*
une table.

Signé : *Eug. Delacroix.*
(Haut., 37 cent ; — larg., 20 cent.)

*650* 98. — La mer, vue des hauteurs de Dieppe. *Le Cᵗᵉ Duchâtel.*
(Haut., 35 cent.; — larg., 51 cent.)

*835*

# Tableaux inachevés

*2 2oc . x*    99. — Botzaris surprend le camp des Turcs au lever du soleil et tombe frappé mortellement.

(Haut., 1 mèt. 65 cent.; — larg., 2 mèt. 4 cent.)

*1. ooo . x*    100. — Esquisse du même tableau.

(Haut., 60 cent.; — larg., 73 cent.)

101. — Eurydice, cueillant des fleurs dans une prairie, est piquée par un serpent.

102. — Diane surprise au bain par Actéon.

*8 fo . x*    103. — Bacchus revenant des Indes rencontre Ariadne abandonnée.

*1000. x*    104. — Junon implore d'Éole qu'il détruise la flotte d'Énée.

Panneaux décoratifs figurant les Quatre Saisons.
(Dim. de ces quatre panneaux : Haut., 1 mèt. 95 cent.; — larg., 1 mèt. 67 cent.)

105 à 108. — Esquisses de ces compositions.

(Haut., 56 cent.; — larg., 46 cent.)

109. — Le triomphe de Bacchus.

110. — Le triomphe d'Amphitrite.

Panneaux décoratifs destinés à des dessus de portes.
(Dimensions de ces deux panneaux : Haut., 91 cent.; — larg., 1 mèt. 40 cent.)

35.

*[manuscript annotations]*

## PEINTURES.

17 *[manuscript]*

111. — L'Aveugle de Jéricho. (*authentique*)
*[manuscript]* (Haut., cent.; — larg., cent.)

112. — Jésus-Christ marchant sur les eaux.
*Fields.* ( Haut., 60 cent.; — larg., 50 cent.)

113. — Saint Sébastien. *[manuscript]*
( Haut., 60 cent.; — larg., 50 mèt.)

114. — Sainte Madeleine au désert.
( Haut., 38 cent.; — larg., 45 cent.)

115. — L'Incrédulité de saint Thomas. —— *Carvalho.*
( Haut., 40 cent.; — larg., 32 cent.)

116. — Ecce Homo. — *Lejeune.*
( Haut., 40 cent.; — larg., 32 cent.)

117. — Le Christ au prétoire. ——
( Haut., 92 cent.; — larg., 73 cent.)

118. — Suzanne et les Vieillards. —— *Brest.*
( Haut., 31 cent.; — larg., 25 cent.)

119. — Samson et Dalilah.
( Haut., 41 cent.; — larg., 55 cent.)

120. — Les Bergers chaldéens. *[manuscript]*
( Haut., 45 cent.; — larg., 38 cent.)

121. — Renaud et Armide.
( Haut., 46 cent.; — larg., 56 cent.)

122. — Cléopâtre.
( Haut., 24 cent.; — larg., 32 cent.)

16-763.

920.

123. — Angélique et Médor blessé. *Carvalho.*

(Haut., 81 cent.; — larg., 65 cent.)

480 × ✳

*un de derniers tableaux au fond et a ad travaillé* —
124. —, Goetz blessé, accueilli par les Bohémiens. *Henri*
*il nous l'a montré comme en Juin 1863.*

(Haut., 1 mèt.; — larg., 81 cent.)

340.

125. — Othello et Desdemone. *Dieterle.*

(Haut., 55 cent.; — larg., 65 cent.)

700.

126. — Marguerite à l'église. *Bon Rivot.*

(Haut., 55 cent.; — larg., 46 cent.)

100.

127. — Arabe sellant son cheval. *Carvalho.*

(Haut., 46 cent.; — larg., 38 cent.)

320. *rue*
128. — Bacchante endormie. *Jambon* *Barrichet.*
*Ile est étendu sur un lit drapé, la tête appuyée sur des coussins* *1872. von fini*
129. — Un Forgeron— *Pirou.* *le ont fini 10*

(Haut., 35 cent.; — larg., 46 cent.)

(Haut., 31 cent.; — larg., 24 cent.)

195.

130. — Étude de Marocain. *Brot.*

(Haut., 61 cent.; — larg., 50 cent.)

19.758. (135. / 130. bis . *autre Étude de Marocain* — *Porquet.*

*( 9 · 890 · f. )*

# Esquisses

*( de 131 à 160 incl. )*

| | | |
|---|---|---|
| 570. | 131. — Jésus endormi dans la barque pendant la tempête. $H. 46. L. 57.$ | |
| 100. | 132. — Christ en croix. | |
| 620. | 133. — Notre-Dame des Douleurs. $H. 41. L. 27.$ | |

Esquisse d'un tableau exécuté par M. Delacroix, dans sa jeunesse, pour la chapelle des dames du Sacré-Cœur, à Nantes.

| | | |
|---|---|---|
| 470. | 134. — Hercule faisant dévorer Diomède par ses chevaux. $H. 29. L. 36.$ | |
| 910. | 135. — Épisode des campagnes de Bonaparte en Italie. | |
| 440. | 136. — L'Empereur Abd-err-Rahman recevant l'ambassadeur de France. | |

Esquisse du tableau qui est au musée de Toulouse.

| | | |
|---|---|---|
| 41. | 137. — Première pensée de ce tableau. | |
| 160. | 138. — Le maréchal de Tourville. $H. 37. L. 26.$ | |

Esquisse du portrait qui est au musée de Versailles.

| | | |
|---|---|---|
| 235. | 139. — Médée furieuse. | |

Variante du tableau qui est au musée de Lille.

4.326.

4.396.

PEINTURES.

*H. 79. L. 89. etc* Kero.

1.500.   140. — La Barque de Don Juan. *la notre. Esquisse* *informe, sans aucune qualité*

Première pensée. *La Barque est*

200.   141. — Mirabeau et le marquis de Dreux-Brézé. *Jenir*

Première pensée.

410.   142. — Le Sabbat de Faust. *H. 33. L. 41.* étiette *Isambart*

200.   143. — Némésis. *Grzymala.*

820.   144. — Deux chevaliers combattant dans la cam- *Le même* pagne. *H. 80. L. 1.m. à M. Karo.* *M.e Lambertz 1868.* *2,020.*

*Isambart.*

150.   145. — Un cheval et trois hommes d'armes. — *Charlet.*

80.   146. — Le bal chez les Capulets. ——— *Barly.*

350.   147. — Sujet puisé dans un roman de Walter Scott. *Isambert*

1,300.   148. — Chasse au lion. ——— *Biasonar.*

Esquisse du tableau qui est au musée de Bordeaux.

290.   149. — Lion dévorant un cheval. ——— *Berel.*

130+80+54.   150. — Trois compositions datant de la jeunesse *Carvalho* du maître. *Karo.*

9.890.

(25.887 f.)

# Copies et Études

## d'après les Maîtres

### D'APRÈS RAPHAEL

acheté par M. Émile Pereire.

250. **151.** — Portrait de jeune homme accoudé, vêtu et coiffé de noir. Vte Pereire 6 mars 1872 3.750 acheté par M. Fabre.

Copie d'après le portrait du musée du Louvre.

(Haut., 63 cent.; — larg., 48 cent.)

600. **152.** — L'Enfant Jésus devant les genoux de la Vierge.

Fragment du tableau de la *Belle Jardinière*, au Louvre.

(Haut., 60 cent.; — larg., 50 cent.)

355. **153.** — Figure allégorique.

(Haut., 30 cent.; — larg., 22 cent.)

65. **154.** — Fragment d'une figure de Triton dans le Triomphe de Galathée. Petit.

(Haut., 17 cent.; — larg., 22 cent.)

### D'APRÈS PAUL VÉRONÈSE

400. **155.** — Fragment des Noces de Cana. à M. Haro.

Musée du Louvre.

(Haut., 63 cent.; — larg., 80 cent.)

9.070

*9.070.*

*250.*

156. — Autre fragment du même tableau. — *Lehmann*

(Haut., 81 cent.; — larg., 1 mèt.)

## D'APRÈS LE BELLIN

*600.*

157. — Portrait d'homme. — *Filhs*

(Haut., 46 cent.; — larg., 38 cent. )

## D'APRÈS LE GIORGIONE

*1,200.*

158. — Le Concert. — *Van-Cuyck*

Copie d'après le tableau du musée du Louvre.

(Haut., 39 cent.; — larg., 45 cent.)

## D'APRÈS L'ÉCOLE ITALIENNE

*170.*

159. — La Vierge aux Bergers. — *Carlier*

(Haut., 61 cent.; — larg., 1 mèt.)

*46.*

160. — Fragment de la même composition. — *Bral*

## D'APRÈS RUBENS

*380.*

161. — Portrait de la femme de Rubens. — *Aroza*

Musée du Louvre.

(Haut., 65 cent.; — larg., 51 cent.)

*6,500*

162. — Les Miracles de saint Benoît. *Mr Emile Péreire*

D'après le tableau original appartenant à M. Tencé.

(Haut., 1 mèt. 30 cent.; — larg., 1 mèt. 95 cent.)

*Mⁱᵉ Péreire. 6 mars. 1872*

*acheté par Mr Brame*      *18.000f.*

216.

70 . X **163.** — Miracle de saint Hilarion. *Piron*

*V.te Piron après décès 21 avril 1865. 310 f.*

Esquisse faite, de souvenir, d'après le tableau qui est au musée de Bordeaux.

(Haut., 72 cent.; — larg., 56 cent.)

55. **164.** — Adoration des Mages. — *Cascenae .*

(Haut., 65 cent.; — larg., 53 cent.)

80. **165.** — La Montée au Calvaire. *acheté par la Hon Isambart .*

D'après le tableau qui est au musée de Bruxelles.

(Haut., 58 cent.; — larg., 40 cent.)

30. **166.** — Le Christ mis au tombeau. — *Lecocq .*

(Haut., 71 cent.; — larg., 52 cent.)

20. **167.** — La Fuite de Loth. — *de groseillez .*

Musée du Louvre.

(Haut., 33 cent.; — larg., 41 cent.)

505. **168.** — Thomiris. — *Théret.*

Musée du Louvre.

(Haut., 40 cent.; — larg., 32 cent.)

950. **169.** — Henri IV donnant la régence à Marie de Médicis. *Copie d'un fragment d'un tableau du* Musée du Louvre. *N.° 442.* (Haut., 89 cent.; — larg., 1 mèt. 15 cent.)

*M. Pue. le Pereire / V.te Pereire 6 mars 1872 / 2.150. / acheté par la Hulot.*

310. **170.** — Marie de Médicis fermant le temple de la Discorde. — *Dajean .*

*V.te C. 13 avril 1865. 160 f —*

Musée du Louvre.

(Haut., 32 cent.; — larg., 24 cent.)

105. **171.** — L'Embarquement de Marie de Médicis. — *aroza .*

Musée du Louvre.

(Haut., 40 cent.; — larg., 32 cent.)

130. **172.** — Une des Néréides dans l'Embarquement de Marie de Médicis. — *Basty .*

Musée du Louvre.

(Haut., 46 cent.; — )arg., 33 cent.)

611.

*24,611.*

*110.*   173. — Têtes de femmes. —— *Filhs.*

Musée du Louvre, Histoire de Marie de Médicis.

(Haut., 80 cent. ; — larg., 65 cent.)

*320.*   174. — Tête de Satyre embrassant une Nymphe. — *B.ll*

(Haut., 16 cent. ; — larg., 21 cent.)

D'APRÈS UNE PEINTURE ANCIENNE.

*550.*   175. — Portrait de femme. *Espagnole, représentée* *vue P..*
*en buste. — Pirou.* (Haut., 65 cent. ; — larg., 54 cent.)   *après de 21 ans*

*155.*

*286.*   176. — Six toiles contenant des fragments d'é-
tudes d'après Rubens, Véronèse, Murillo, etc.

*Fin de la 2e Vacation.*

*25.887.*

*(35.081. 1.)*

# Études d'après nature

*( à 177, — 231 ... )*

**80.** 177. — Costume souliote. — Le personnage qui
en est revêtu est vu de face, le pied posé sur
une pierre. ———————————— *Potot*
(Haut., 40 cent. ; — larg., 26 cent.)

**60.** 178. — Le même, vu de face et dansant. ——— *Delille*
(Haut., 40 cent. ; — larg., 33 cent.)

**300.** 179. — Le même, vu de dos, les bras étendus.——— *Isambert*
(Haut., 40 cent. ; — larg., 33 cent.)

**300.** 180. — Trois figures sur la même toile.
(Haut., 34 cent. ; — larg., 60 cent.)

**150.** 181. — Deux autres figures sur la même toile.——— *B. Rousseau*
(Haut., 42 cent. ; — larg., 43 cent.)

**205.** 182. — Deux autres études séparées. *les jupons blancs d'un*
*Huot.* *ton actuelle 1 d'une*
*touche infernale*

**630.** 183. — Costume de Calcutta. — Le personnage
qui le porte est assis, les jambes croisées, vêtu *B^on de Laage*
de marron, vu de trois quarts.
(Haut., 40 cent. ; — larg., 33 cent.)

**650.** 184. — Même personnage, vu de profil. *David Richard*
(Haut., 45 cent. ; — larg., 37 cent.)

**375.**

*R. 3,375.*

*410.*

**185.** — Deux études sur la même toile : le personnage, debout, est vu de face, et auprès, vu
de dos.

(Haut., 37 cent.; — larg., 45 cent.)

*455.*

**186.** — Deux études sur la même toile : le même
personnage, habillé de blanc, est assis ; auprès, il est debout et vu de face.

(Haut., 37 cent.; — larg., 45 cent.)

*355.*

**187.** — Costume de Grec.

Trois études sur la même toile.

(Haut., 43 cent.; — larg., 64 cent.)

*625.*

**188.** — Trois études de costumes d'hommes de
l'Orient.

*520.*
*60.*
*1,200.*

**189.** — Deux études d'après des armures, des
casques et des cottes de mailles.

Deux toiles.

*190.* — Étude de casque circassien.

(Haut., 48 cent. ; — larg., 27 cent.)

*900.*

**191.** — Étude d'armes orientales.

(Haut., 51 cent. ; — larg., 33 cent.)

*550.*

**192.** — Étude d'après une mulâtresse, figure à
mi-corps.

(Haut., 80 cent.; — larg., 65 cent.)

*380.*

**193.** — Autre étude de mulâtresse, buste.

(Haut., 33 cent.; — larg., 24 cent.)

*200.*

**194.** — Étude de tête d'homme, destinée à un
tableau de genre historique.

(Haut., 55 cent.; — larg., 46 cent.)

*9.030.*

*030*

*3/0* 195. — Un Génie.
    Étude de tête de femme.    (Haut., 44 cent.; — larg., 33 cent.)

*Lambert*

*Détériou.*

*50* 196. — Figure d'Actéon.
    (Haut., 25 cent.; — larg., 21 cent.)

*80.* 197. — Fragment d'étude pour un des damnés dans le tableau de Dante et Virgile.
    (Haut., 24 cent.; — larg., 32 cent.)

*aubry.*

*80.* *428.* 198. — Quatre fragments de figures pour le Sardanapale.

*70.* 199. — Fragment d'études pour les peintures de la Bibliothèque de la Chambre des députés.
    Deux toiles.

*aroza.*

*198.* 200. — Dix-sept études et académies.

*375.* 201. — Onze études de têtes et portraits.

*80.* 202. — Cheval blanc attaché dans une écurie.

*50.* 203. — Deux chevaux de trait. *detterdis.*

*50.* 204. — Cheval de charrue. — *Riœt*

*35.* 205. — Relais de quatre chevaux. — *Delille.*

*20.* 206. — Cheval arabe avec une couverture bleue. *Scott.*

*400.* 207. — Cheval dans une écurie. — *Borno.*

*200.* 208. — Cheval normand. — *Lambert.*

*620.* 209. — Cheval rouan. — *id.*

*396.*

210. — Quatorze études diverses de chevaux.

211. — Dix études ébauchées.

212. — Étude d'après un chien mort. *B°. Dehaage*

213. — Plusieurs études de lions sur la même *S.'der* toile.

214. — Trois autres études d'animaux.

215. — Vue générale des environs de Champ- *Pirou* rosay.

216. — Effet de neige. —— *Fifhs.*

217. — Paysage à l'automne. — *Duchen. colouna*

218. — Étude de soleil couchant. — *Saillant.*

219. — Quinze études diverses de paysages. *( · Dièn.)*

220. — Deux paysages composés. *( P. luurie*

221. — Diverses toiles : études, esquisses *Grzywala* et *( q°'dr* ébauches.

*19.066.*

# Peintures

## Par divers Maîtres

## TH. GÉRICAULT

**222.** — Lancier hollandais de la garde de l'Empereur, debout près de son cheval.

(Haut., 45 cent. ; — larg., 38 cent.)

**223.** — Cuirassier à cheval, vu de dos. ——— *Isambert.*

(Haut., 45 cent. ; — larg., 37 cent.)

**224.** — Épisode des courses de chevaux libres. — *Rodrigues.*

(Haut., 32 cent. ; — larg., 40 cent.)

**225.** — Portrait d'un jeune garçon assis dans la — *Dejean.* campagne.

(Haut., 45 cent. ; — larg., 38 cent.)

**226.** — Étude d'homme nu. ——————— *Même.*

(Haut., 28 cent. ; — larg., 21 cent.)

**227.** — Martyre de saint Pierre, d'après le Titien. — *Legrand.*

(Haut., 65 cent. ; — larg., 54 cent.)

**228.** — Le Sommeil des Apôtres, d'après le Titien. — *Isambert.*

(Haut., 76 cent. ; — larg., 56 cent.)

*R. 8.560.*

*510.*

**229. — L'Assomption, d'après *le Titien*.** — *Guerrieu*
(Haut., 65 cent. ; — larg., 54 cent.)

*1210.* X

**230. — La Descente de croix, d'après *Rubens*.** X *Lug*
(Haut., 65 cent. ; — larg., 54 cent.)

*1100.*

**231. — Mars retenu par Vénus, d'après *Rubens*.** *Dej*
(Haut., 55 cent. ; — larg., 80 cent.)

*930.*

**232. — Saint Martin, d'après *Van-Dyck*.** — *Van Cuy*
(Haut., 45 cent. ; — larg., 37 cent.)

*380.*

**233. — La Bénédiction de Jacob, d'après *Rem-*** — *B*
**brandt.**
(Haut., 37 cent. ; — larg., 45 cent.)

*700.*

**234. — Les Enfants de Philippe II, d'après *Velas-*** — *Dy*
**quez.**
(Haut., 45 cent. ; — larg., 54 cent.)

*195.*

**235. — Jésus distribuant le pain à ses disciples,** *Mosl*
**d'après *l'École espagnole*.**
(Haut., 45 cent. ; — larg., 55 cent.)

*650.*

**236. — Le Christ descendu de la croix, d'après** *Dyea*
**Bourdon.**
(Haut., 41 cent. ; — larg., 25 cent.)

*880.*

**237. — La Mère d'Hyacinthe Rigaud, d'après** — *Pn*
**Rigaud.**
Musée du Louvre.      (Haut., 80 cent. ; — larg., 65 cent.)

*750.*

**238. — Lion attaquant un cheval blanc, d'après** *Ron*
**Ward.**
(Haut., 58 cent. ; — larg., 55 cent.)

*780.*

**239. — Plusieurs têtes d'hommes, d'après divers** *B in*
**maîtres.**
Sur une même toile.      (Haut., 73 cent. ; — larg., 60 cent.)

*16.645.*

X *lu' Ur. Schrche ...*

## DIAZ

240. — Intérieur de forêt.

(Haut., 31 cent.; — larg., 39 cent.)

*Thomas.*

## LOUIS BOULANGER

241. — Un jeune Grec.

(Haut., 24 cent.; — larg., 16 cent.)

*Bouart.*

## PH. ROUSSEAU

242. — Cochon d'Inde sur une table avec des fruits et du maïs.

(Haut., 38 cent.; — larg., 52 cent.)

*aubry.*

## Attribué à A. DEVÉRIA

243. — Le Massacre de Scio.

Copie réduite d'après le tableau du musée du Luxembourg.

( Haut., 17 cent.; — larg., 14 cent.)

*Marchal de Calvi.*

## PLANET, d'après EUGÈNE DELACROIX

244. — La Noce juive.

Musée du Luxembourg.

(Haut., 85 cent.; — larg., 1 mèt. 15 cent.)

*Borno.*

## JORDAENS

245. — Buste de vieillard joignant les mains.

(Haut., 63 cent.; — larg., 47 cent.)

*Lavalard.*

*7. 18.420.*

32

PEINTURES.

## COPIES ANCIENNES

*350.*    246. — Mars, couronné par la Victoire.    *Prévo...*

Copie ancienne d'après Rubens.

(Haut., 1 mèt. 15 cent.; — larg., 1 mèt. 64 cent.)

*230.*    247. — La drachme de saint Pierre.    *Mane...*

Copie ancienne d'après Rubens.

(Haut., 37 cent.; — larg., 47 cent.)

*25.*    248. — La défaite des Amazones.    *Deha...*

Copie ancienne d'après Rubens.

(Haut., 89 cent.: — larg., 1 mèt. 20 cent.)

*41.*    249. — École flamande.    *Mauriceaux...*

Deux panneaux.

*19.066.*

# DESSINS

~~~~~~~

## EXPOSITION PUBLIQUE

## Le Dimanche 21 février 1864

DE UNE HEURE A CINQ HEURE

Salles n° 5 et n° 4


## VENTE

Du Lundi 22 février au Samedi 27 février inclusivement

A DEUX HEURES PRÉCISES

Salle n° 5

# DESSINS

POUR LES

# Travaux décoratifs

( *de 250. — à 304. incl<sup>t</sup>.* ) / *20, 108. f.* )

## CHAMBRE DES DÉPUTÉS

(SALON DU ROI, 1837-38)

*Décoration générale.*

**40.**   250. — La Justice, la Guerre, l'Industrie, l'Agriculture. Figures allégoriques pour les caissons, et Enfants pour les angles du plafond.

Dessins et croquis.        35 feuilles.

*à divers.*

**463.**   251. — Frise régnant entre les archivoltes.

Dessins et croquis.        87 feuilles.

*à divers.*
*A. Damang*
*Lehmann.*
*etc.*

*803.*

*R. 863.*

*165.*

**252. — Les Mers et les Fleuves. Figures pour les panneaux**

Dessins et croquis.

24 feuilles.

*65.*

**253. — Ornementation du salon.**

Dessins et croquis.

30 feuilles.

*348.*

**254. — Études d'après nature pour l'ensemble de toute cette décoration.**

Dessins et croquis.

45 feuilles.

*178.*

**255. — Idées premières non exécutées.**

Dessins et croquis.

35 feuilles.


# BIBLIOTHÈQUE DU PALAIS DU LUXEMBOURG

(1845)


## Coupole.

*763.*

**256. — *Divine Comédie* (VIᵉ chant). Les Champs-Élysées.**

Compositions pour les quatre groupes principaux : Orphée, le poëte des temps héroïques ; les Grecs illustres ; les Romains ; Virgile présentant le Dante à Homère.

Dessins et croquis.

70 feuilles.

*9227.*

*227*

*60.* 257. — Figure d'Alexandre debout.
Dessin.

*90.* 258. — Figure d'Apelle peignant Alexandre. —— *Bonw.*
Dessin.

*9 5.* 259 — Figures de Pyrrhus et Annibal.
Dessin.

*3 20.* 260. — Groupe des Grecs illustres : Platon, Socrate, Xénophon, Aspasie.
Dessin.

### Voussure de la croisée.

*115.* 261. — Alexandre faisant renfermer les œuvres *horizontal.*
d'Homère dans une cassette d'or, après la
bataille d'Arbelles.
Dessin.

*129.* 262. — Ensemble de la composition. —— *2 divers.*
Dessins et croquis.
28 feuilles.

### Pendentifs.

*158.* 263. — Figures de Sages. *divers.*
Dessins, croquis et projets.
15 feuilles.

*64.* 264. — Études d'après nature pour toute la com- *divers,*
position.
Dessins et croquis.
20 feuilles.

*58.*

## CHAMBRE DES DÉPUTÉS

(BIBLIOTHÈQUE, 1847)

### Hémicycles.

*3,258.*

*205.* 265. — Orphée charme les hommes et leur apporte la civilisation. — Groupe des figures du centre.

Dessin.

*156* 266. — Ensemble de la composition.

Dessins et croquis.

9 feuilles.

*510.* 267. — Attila foulant aux pieds de son cheval l'Italie conquise. — Groupe des figures du centre.

Aquarelle.

*350.* 268. — Femmes et vieillards fuyant les Barbares.

Dessin.

269. — Ensemble de la composition.

Dessins et croquis.

11 feuilles.

### Pendentifs.

*245.* 270. — Adam et Ève chassés du Paradis.

Dessin.

*440.* 271. — Hésiode et la Muse.

Dessin.

*300.* 272. — Cicéron accusant Verrès.

Dessin.

*5.464.*

*464.*

**273. — Décapitation de saint Jean.** *Dessin.* — *Borno.*

*290.*

**274. — La drachme de saint Pierre.** *Dessin.* — *Marcotte.*

*180.*

**275. — Ovide chez les Scythes.** *Dessin.* — *S. Pleucques*

*240.*

**276. — Numa et Égérie.** *Dessin.* — *V. Khalil Bey. 16 juin 1868. — 3.000*

*240.*

**277. *L'* Éducation d'Achille (1).** *H.29.L.41.* *Pastel.* — *Achille fait le Comte le M. d. Kaaze*

*500.*

**278. — Alexandre faisant enfermer les œuvres d'Homère dans une cassette d'or.** *Aquarelle.* — *M. Pirou.*

*320.*

**279. — La Captivité de Babylone.** *Pirou. —* *Aquarelle.* *212. f.*

*640.*

**280. — Les Bergers chaldéens.** *S. Louencourt:* *Pastel.* *M. Pirou après décès. 21. août 1865. 340 f.*

*610.*

**281. — Hésiode consultant la Pythie.** *Pastel.*

*750.*

**282. — Même composition.** *Dessin.* — *Vaus. Tart.*

*370.*

**283. — Socrate et son Génie.** *Pastel.*

*210.*

**284. — Même composition.** *Dessin.*

*220.*

**285. — Hérodote consultant les Mages.** *Pastel.*

*310.*

**286. — Suite complète des pendentifs.** *20 feuilles de dessins et croquis.* — *a' divers. Bag vol. École.*

*701.*

**287. — Idées premières, variantes.** *43 feuilles de dessins et croquis.* — *a' divers.*

*825.*

(1) Ce dessin a été spécialement désigné par M. Eugène Delacroix, dans son testament, pour figurer à sa vente.

*790.*

*13.7.90*

Projets de pendentifs non exécutés.

*280.*　288. — Les jeunes filles de Sparte s'exerçant à la
　　　　　lutte.

Dessin.

*350.*　289. — Saint Paul sur la route de Damas.

Aquarelle.

*514.*　290. — Études pour ces projets. ——————— *q. divers.*

Dessins et croquis.

30 feuilles.

## GALERIE D'APOLLON AU LOUVRE

(1849-51)

### Plafond.

*205.*　291. — Hercule terrassant un monstre (groupe de *gauche*
　　　　　droite).

Apollon vainqueur du serpent Python.

Dessin.

*1095.*　292. — Études pour l'ensemble et les détails de
　　　　　la composition. ———————————— *q. divers.*

Dessins et croquis.

50 feuilles.

*470.*　293. — Études d'après nature et croquis d'après
　　　　　les ornements de la salle. —————— *q. divers.*
　　　　　　　　　　　　　　　　　　　　　　　*Pérignon*
Dessins et croquis.　　　　　　　　　　　　　*Riesener*

31 feuilles.

*220.*　294. — Premières pensées pour ce plafond. —— *q. divers.*

Dessins et croquis.　　　　　　　　　　　　　*Gavet*
　　　　　　　　　　　　　　　　　　　　　　　*Marjolin*
24 feuilles.

*16,626.*

## ÉGLISE SAINT-SULPICE

(CHAPELLE DES St-ANGES, 1861)

### Plafond.

295. — L'archange saint Michel terrassant le -démon.

Dessin.

296. — Ensemble de la composition.

Dessins et croquis.

22 feuilles.

### Panneaux.

297. — Lutte de Jacob et de l'Ange.

Dessins et croquis.

12 feuilles.

298. — Héliodore chassé du Temple.

Dessins et croquis.

14 feuilles.

299. — Portion inférieure de cette composition.

Dessin.

300. — Figures d'Enfants pour les pendentifs.

Dessins et croquis.

16 feuilles.

301. — Détails d'ornementation et études d'après nature.

Dessins et croquis.

30 feuilles.

# Dessins pour compositions
## et tableaux divers

*( de 302. à 460, incl.*.) 36.68

120.

**302.** — La Vierge des Moissons.

Études pour l'un des premiers tableaux exécutés par Eugène Delacroix.

Dessins et croquis.

4 feuilles.

44.

**303.** — Notre-Dame des Douleurs.

Études pour un tableau du *Sacré Cœur de Jésus,* à Nantes.

Dessins et croquis.

19 feuilles.

### Dante et Virgile aux Enfers (1822).

270.

**304.** — Études des têtes de Virgile et de Dante. *hors*

Dessin.

288.

**305.** — Ensemble et détails de cette composition.

Dessins et croquis.

40 feuilles.

**306.** — Scènes diverses puisées dans la *Divine Co-médie.*

Dessins et croquis.

6 feuilles.

722.

307. — Dessus de porte pour la salle à manger de Talma.

*Robaut.*

Dessins et croquis.

10 feuilles.

308. — Scènes du Massacre de Scio (1824). — *à divers.*

Dessins et croquis.

23 feuilles.

*aroya.*

309. — Le Sabbat de Faust. —

Dessins et croquis.

14 feuilles.

310. — Mazeppa.

Dessins et croquis.

8 feuilles.

311. — Le Christ au Jardin des Oliviers (1827).

Tableau de l'église Saint-Paul.

Dessins et croquis.

16 feuilles.

312. — Scène de la guerre entre les Turcs et les Grecs.

Premières pensées du tableau qui est au musée de Bordeaux.

Dessins et croquis.

14 feuilles.

313. — Combat du Giaour et du Pacha.

Études et variantes pour cette composition.

Dessins et croquis.

14 feuilles.

314. — L'empereur Justinien composant ses Lois.

Dessins et croquis.

10 feuilles.

315. — Le doge Marino Faliero.

Dessins et croquis.

8 feuilles.

DESSINS.

*q . 1644.*

*340.*

316. — Le Tasse dans la prison des fous. ——— *Jul*

Dessin.

*103.*

317. — Même sujet.

Dessins et croquis.

4 feuilles.

*83.*

318. — Sardanapale.

Dessins et croquis.

12 feuilles.

*50.*

319. — Le 28 juillet 1830.

Dessins et croquis.

31 feuilles.

*26.*

320. — Le roi Jean à la bataille de Poitiers.

Dessins et croquis.

8 feuilles.

*131.*

321. — Le cardinal de Richelieu disant la messe
dans sa chapelle du Palais-Royal.

Tableau peint en 1831, et détruit au Palais-Royal en 1848.

Aquarelles, dessins et croquis.

8 feuilles.

*19.*

322. — Mirabeau répondant au marquis de Dreux-
Brézé.

Dessins et croquis.

14 feuilles.

*11.*

323. — Boissy-d'Anglas.

Dessins et croquis.

16 feuilles.

*37.*

324. — L'évêque de Liége.

Dessins et croquis.

9 feuilles.

*53.*

325. — Charles-Quint au monastère de Saint-Just.

Études et variantes.

9 feuilles.

*2,547.*

**326.** — Bataille de Nancy.

Dessins et croquis.      9 feuilles.

**327.** — Portrait en pied de Rabelais.

Tableau qui orne aujourd'hui la bibliothèque de la ville de Chinon.

Dessins et croquis.      7 feuilles.

### Femmes d'Alger dans leur appartement (1834).

**328.** — Étude de l'une des femmes assises.   *Pastel.*

**329.** — Études pour deux autres femmes.    2 dessins.

**330.** — Études diverses pour ce tableau.

Dessins et croquis.      6 feuilles.

**331.** — Portrait du maréchal de Tourville.

Dessins et croquis.      3 feuilles.

**332.** — Le Prisonnier de Chillon.

Dessins et croquis.      12 feuilles.

**333.** — Bataille de Taillebourg.

Dessins et croquis.      12 feuilles.

**334.** — Saint-Sébastien (1836).

Dessins et croquis.      6 feuilles.

*3.595*

*195.*

**335.** — Médée furieuse (1838).

Dessins et croquis.

27 feuilles.

*981.*

**336.** — Les Convulsionnaires de Tanger.

Dessins et croquis.

5 feuilles.

*825.*

**337.** — Cléopâtre.

- Un paysan lui apporte un aspic caché dans un panier de figues.

Pastel.

*62.*

**338.** — Études diverses pour ce tableau.

Dessins et croquis.

21 feuilles.

*51.*

**339.** — Justice de Trajan (1840). ——————— *chacun.fs*

Dessins et croquis.

36 feuilles.

*101.*

**340.** — Christ sur les genoux de la Vierge.

Dessins et croquis.

3 feuilles.

*121.*

**341.** — Prise de Constantinople par les Croisés (1841).

(Musée de Versailles.)
Dessins et croquis.

17 feuilles.

*34.*

**342.** — Sainte Victoire et saint Jean l'Évangéliste.

Études pour des vitraux exécutés à la Manufacture de Sèvres.
Dessins et croquis.

4 feuilles.

*56.*

**343.** — La Barque de Don Juan.

Dessins et croquis.

5 feuilles.

*485. X*

**344.** — Noce juive dans le Maroc. ——————— *Cazo*

Partie importante du fond de la composition. Étude d'après
nature.

Aquarelle.

*5.726*

26.

5. ⎰ 345. — La Pietà.
7. ⎱ (Église Saint-Denis du Saint-Sacrement).

Projets et dessins. 13 feuilles.

0. ⎰ 346. — Marc-Aurèle mourant (1845).
5. ⎱ Dessin.

0. 347. — Fragment de la composition. Pastel.

348. — Études et dessins pour ce tableau.
5 feuilles.

8. 349. — La Sibylle.

Études d'après nature. 6 feuilles.

0. 350. — Muley-Abd-err-Rahman entouré de sa *Mahou.*
garde.

Fragment de la composition. Dessin.

9. 351. — Ensemble de la composition.

Dessins et croquis. 27 feuilles.

5. 352. — Éducation de la Vierge (1846). Dessin.

4. 353. — Études pour ce tableau.

Dessins et croquis. 4 feuilles.

36. 354. — Rebecca enlevée par les ordres du templier
Boisguilbert.

Dessins et croquis. 4 feuilles.

*Robaut.*

0. 355. — Mort de Lara (1848). Dessin à la plume.

356. — Études et variantes pour cette composition.

Dessins et croquis.

3 feuilles.

357. — Comédiens ou Bouffons arabes.

Une sépia et un dessin.

358. — Ugolin et ses enfants.

Variantes, dessins et croquis.

7 feuilles.

359. — Othello et Desdemone (1849).

Dessin à la plume.

359 *bis*. — Desdemone maudite par son père.

Dessins et croquis.

5 feuilles.

360. — Martyre de saint Étienne (1853).

Dessins et croquis.

9 feuilles.

361. — Hercule et les chevaux de Diomède.

Dessins et croquis.

7 feuilles.

362. — Chasse aux lions (1854).

Dessins et croquis.

13 feuilles.

363. — Christ endormi pendant la tempête (1856).

Dessins et croquis pour composition diverses.

7 feuilles.

364. — Marphyse.

7 dessins et sépias.

365. — Angélique et Renaud.

Dessins et croquis, compositions différentes.

7 feuilles.

*545.*

*115.* 366. — Ovide chez les Barbares.

Dessins et croquis.

9 feuilles.

*70.* 367. — Christ en croix.

Dessins et croquis.

6 feuilles.

*80.* 368. — L'Annonciation.

Sépia.

*60.* 369. — Le Christ marchant sur les eaux.

Pastel.

*205.* 370. — Le Christ au Jardin des Oliviers.

Pastel.

*520.*
*95.* 371. — Même sujet.

2 sépias.

*145.* 372. — Le Christ à la colonne.

Pastel.

*30*
*25.* 373. — Saint Sébastien secouru par les saintes femmes.

2 dessins.

*05.* 374. — Le Baptême de Clovis. ——————— *Leroi.*

dessin à la plume.

### Divers sujets religieux.

*220.*
*24.* 375. — Christ soutenant saint Pierre sur les eaux. — La drachme de saint Pierre. — Flagellation et Ecce Homo. — Baptême du Christ. — Adam et Ève chassés du paradis.

Dessins et croquis.

21 feuilles.

*739.*

17.739-

## Autres sujets religieux.

289.

**376. — Mise au tombeau. — Résurrection de La-
zare. — Le Bon Samaritain. — La tunique de
Joseph. — Saint Paul. — Samson et Dalilah.**

a  דוד

Dessins et croquis.

25 feuilles.

50.

**377. — Jérusalem délivrée.**

Dessins et croquis pour des sujets divers.

13 feuilles.

104.

**378. — L'Envie.**

Études pour une composition qui n'a point été exécutée.
Dessins et croquis.

12 feuilles.

34.

**379. — Les Quatre Saisons, compositions décora-
tives.**

Projets et études d'après nature.

16 feuilles.

## Gœtz de Berlichingen, drame de Gœthe.

107.

**380. — Gœtz de Berlichingen et frère Martin.** —Robart

Dessin.

370.

**381. — Weisslingen enlevé par les gens de Gœtz.** D. Laa

Dessin.

185.

**382. — Gœtz lisant ses mémoires à sa femme.** — Plaut

Dessin.

150.

**383. — Gœtz blessé accueilli par les Bohémiens.** —Aroza

Dessin.

19,026.

42

**384.** — Compositions diverses, la plupart ayant servi pour les bois gravés dans le *Magasin pittoresque.*

*a divers*

Dessins et croquis.

27 feuilles.

— — —

#### Faust, drame de Gœthe.

70.

**385.** — Le docteur Faust lisant, assis dans son cabinet.

*carvalho.*

Sépia.

55.

**386.** — Scène de la taverne.

*Zaim carvalho*

Sépia.

50

**387.** — Faust accostant Marguerite.

*Rodrigues Zaim*

Sépia.

10

**388.** — Faust et Méphistophélès fuyant.

*Rodrigues. De Laage.*

Sépia.

5.

**389.** — Scène du Sabbat.

*d Laage.*

Sépia.

25.

**390.** — Scène de la prison.

*Lambert.*

Dessin à la plume.

**391.** — Compositions diverses ayant servi pour les lithographies exécutées par M. Delacroix pour l'illustration du *Faust.*

*a divers.*

18 feuilles.

— — —

2.

**392.** — Le Château de Pontorson, et autre scène des Chroniques de France.

*Burty.*

Ces deux sujets ont été lithographiés par M. Delacroix.

2 sépias.

10.

**393.** — Cromwell devant le cercueil de Charles Ier.

Aquarelle.

## DESSINS.

394. — Un Forgeron.

Sépia.

395. — Un Seigneur vénitien.

Aquarelle.

396. — L'Hermite de Copmanhurst.

Sépia.

397. — Scène tirée de Lélia.

Pastel.

398. — Froissart écrivant ses Chroniques.

Dessin.

### Hamlet, drame de Shakespeare.

399. — Je suis l'esprit de ton père.

Dessin.

400. — Les reproches d'Hamlet à sa mère.

.Dessin.

401. — Qu'est-ce donc? Un rat!...

Sépia.

402. — La Mort d'Ophélie.

Dessin.

403. — Hamlet et les fossoyeurs.

Dessin.

404. — Même sujet.

Aquarelle et sépia.

405. — Le combat dans la fosse.

Dessin.

406. — Ah! je meurs, Horatio.

Dessin.

407. — Compositions ayant servi, ainsi que la plupart des dessins précédents, pour les illustrations de l'*Hamlet* par M. Eugène Delacroix.

Dessins et croquis.

41 feuilles.

319

319

**408.** — Roméo achetant du poison. *Sépia.*

**409.** — Scène des adieux. Scène des tombeaux, et — *Piot.* autres scènes tirées du drame de *Juliette et Roméo.*

Dessins et sépias.  12 feuilles.

**410.** — Turc mettant un jeune enfant sur son *Pinou.* cheval. *Aquarelle.*

**411.** — Le cheval du pacha vaincu. (*Le Giaour.*) — *Savary.* *Aquarelle.*

**412.** — Arabe syrien à cheval, vu par derrière. — *Roussel.* *Aquarelle.*

**413.** — Cavalier turc sur un cheval blanc. — *aroza.* *Aquarelle.*

**414.** — Cavalier arabe galopant. — *Walhs.* *Aquarelle.*

**415.** — Le Simoun. — *st. Maurice* *Aquarelle.*

**416.** — Campement de cavaliers marocains. *Aquarelle.*

**417.** — Maure courant la poudre. *Aquarelle.*

**418.** — Arabe sellant son cheval. — *Gariel.* Dessin à la plume.

**419.** — Cavalier arabe au galop. — *d. Laage* Dessin à la plume.

**420.** — Cavalier traversant un gué. — *d. Laage.* Dessin à la plume.

424.

30-424.

421. — Cavalier dans un paysage.

Dessin à la plume.

300.

422. — Cavalier arabe au combat. ——————— *aroj*

Dessin.

385.

423. — Maréchal ferrant arabe.——————— *Roi*

Dessin.

635.

424. — Marchand marocain à Tanger. ——— *Roth*

Aquarelle.

655.

425. — Chasseur arabe descendant un ravin.

Aquarelle.

690.

426. — Chasseurs assis dans la campagne.

Aquarelle.

700.

427. — Arabe assis sur le revers d'un chemin.

Aquarelle.

605.

428. — Marocains endormis dans un corps de *de*
garde, à Méquinez. ——————— *Louvre*

Aquarelle.

175.

429. — Chef maure accoudé sur un divan.

Aquarelle.

115.

430. — Kaïd assis sur un divan. ——— *Carvalho.*

Aquarelle.

335. X

431. — Arabes jouant aux échecs. ——— *ordo cenne*

Sépia.

240.

432. — Jeune garçon assis à l'angle d'un mur.

Aquarelle.

70.

433. — Vieux marchand d'oranges.
Signé : *E. D.*

Pastel.

105.

434. — Arabe assis dans la campagne, vu de dos. *Wal*

Pastel.

435. — Femmes juives d'Alger.

Pastel.

35.434.

*54* ·

*55.* ——

*Barly.*

*10.*    436. — Arabe debout accoudé, vu de profil. ——

           Sépia.

*10.*    437. — Arabe debout vêtu d'un burnous.

           Aquarelle.

*70.*    438. — Jeune Grec debout.

           Aquarelle.

*100.*    439. — Buste de Turc.

           Pastel.

*240.*    440. — Turc assis dans la campagne.

     Signé : *E. D.*            Aquarelle.

*Et. arago.*

*160.*    441. — Buste de Juif et de Juive. ——

           Aquarelle.

     442. — Musiciens ou Bouffons arabes.

           Dessin.

*Reiset.*

*315,*    443. — Chasse au lion : l'Affût. ——

           Dessin.

     444. — Juif et Juive d'Alger dans leur intérieur.

           Dessin.

*20.*    445. — Maure et Arabe assis devant une porte.

           Dessin.

     446. — Arabe et femme juive debout.

           Dessin.

*35.*    447. — Vieil Arabe écrivant sur ses genoux et jeune femme assise.

           Dessin.

*100.*    448. — Passage d'un gué.

           Dessin.

     449. — Arabes sur le bord de la mer.

           Dessin.

*160.*    450. — Musicien juif.

           Dessin.

*499.*

*60.*

*150.*

*596.*

*454*

*519.*

*271.*

451. — Deux Arabes se reposant dans la campagne.

Dessin.

452. — Chef maure à Méquinez.

Dessin.

453. — Scènes de la vie arabe.

Dessins et pastels.

33 feuilles.

454. — Autres scènes de la vie arabe.

Dessins et croquis.

67 feuilles.

455. — Compositions diverses.

Dessins et aquarelles.

88 feuilles.

456. — Croquis divers et compositions inachevées.

## Médailles antiques.

*45.*

457. — Une feuille contenant dix études de médailles.

Dessin.

*45.*

458. — Autre feuille contenant neuf études de médailles.

Dessin.

*46.*

459. — Autre feuille contenant six études de médailles.

Dessin.

*39.685*

460. — Études diverses ayant servi, pour la plupart, pour les lithographies de M. Delacroix d'après des médailles et des bas-reliefs antiques.

Dessins et sépias.

24 feuilles.

# Animaux

(*de 461 à 516 incl.*) *17-798/*

50. 461. — Lion déchirant le cadavre d'un jeune *hormand.*
Arabe.
*Dessin.* *Hte Piron. après décès 21. avril 1865.*

00. ✗ 462. — Lionne tenant sous ses pattes un Arabe
renversé. *Collot.* — *Aquarelle.* *460. /*

80. 463. — Combat d'un homme et d'une lionne. *Bon De Lange*
*Dessin.*

090. ✗ 464. — Même sujet. *Dessin à la plume.*

00. 465. — Samson et le lion. *Dessin.*

80. 466. — Combat d'un cavalier et d'un lion. *Sépia.*

88. 467. — Lions combattant des hommes ou des animaux. Compositions diverses. ———— *a divers.*
Dessins et croquis.    22 feuilles.

00.+ 468. — Lionne couchée sur le flanc. *Pastel.* *Reiset.*

10. 469. — Étude de tête de lion. ———— *Aquarelle.*

55. 470. — Combat d'un lion et d'un tigre. *Dessin.*

65. 471. — Lionnes : l'une assise, l'autre couchée. ———— *Dr divers.*
*Dessin.*

628.

# DESSINS.

472. — Deux lionnes couchées.

Dessin à la plume.

473. — Lion assis.

Signé : *Eug. Delacroix.*

Dessin à la plume.

474. — Lion regardant marcher une tortue.

Dessin à la plume.

475. — Lion tenant un lièvre sous ses pattes.

Dessin à la plume.

476. — Même sujet.

Dessin à la plume.

477. — Lion dépouillant un os.

Dessin.

478. — Lion dévorant un cheval.

Dessin.

479. — Même sujet.

Dessin à la plume.

480. — Même sujet.

Dessin à la plume.

481. — Lionne couchée.

Dessin à la plume.

482. — Lionne assise et lion.

Dessin à la plume.

483. — Deux lionnes assises.

5 janvier 1856.

Dessin.

484. — Études de têtes de lions et de lionnes.

Dessin.

485. — Lions et lionnes.

Études et dessins.

43 feuilles.

486. — Lions et lionnes.

Études.

18 aquarelles.

**487. — Lions et lionnes.**

Études et croquis à la plume et au crayon.

79 feuilles.

**488. — Études anatomiques d'après le lion écorché : pattes, membres, etc.**

Dessins et croquis.

30 feuilles.

**489. — Panthère couchée près d'un cheval mort.**

Signé : *Eug. Delacroix.*

Aquarelle.

**490. — Tigre attaquant un cavalier persan.** ——

Sépia.

**491. — Tigre renversant un cheval.** ——

Aquarelle.

**492. — Tigre prêt à bondir.** ——

Dessin.

**493. — Tigre blessé se désaltérant.**

Dessin.

**494. — Études de tigres.**

10 sépias et aquarelles.

**495. — Études de tigres, couchés, marchant, etc.**

Dessins à la plume et au crayon.

18 feuilles.

**496. — Études de tigres, membres, détails, etc.** ——

Dessins et croquis.

27 feuilles.

**497. — Un cheval isabelle, et plus loin un cheval blanc dans un pâturage boisé.**

Signé : *Eug. Delacroix.* ——

Aquarelle.

**498. — Cheval renversant un loup d'une ruade.** ——

Aquarelle.

**499. — Cheval arabe, gris, dans la campagne.**

Pastel.

500. — Cheval isabelle, vu de profil. ——————

Aquarelle.

501. — Cheval noir de mameluk à la mangeoire.

Aquarelle.

502. — Cheval de mameluk, sellé et bridé, vu de
profil.

Sépia.

503. — Deux études de chevaux de profil.

Mine de plomb.

504. — Chevaux à l'écurie, au pâturage, montés, etc. ——————————————

17 aquarelles et sépias.

505. — Études diverses, ébauches, etc. ——————

Dessins, aquarelles et sépias.

33 feuilles.

.506. — Études diverses, croquis, etc.

187 feuilles.

507. — Études anatomiques, d'après l'écorché et
le squelette de cheval.

Dessins et croquis.

16 feuilles.

508. — Chats couchés.

Trois études sur la même feuille.

Dessin.

509. — Études de chats, d'après nature.

Dessins et croquis à la plume et au crayon.

30 feuilles.

510. — Chiens lévriers, chèvres, chauves-souris,
oiseaux, reptiles, etc.

Dessins et croquis.

58 feuilles.

*150.*

# Voyage en Angleterre

*1824.* (1826)

---

**511.** — Petit port sur les bords d'une rivière.

Aquarelle.

*400f* — **512.** — Bords dé la Tamise.

2 aquarelles.

*755.* **513.** — Marines, Paysages.

14 aquarelles.

*7 00* **514.** — Paysages, Détails dé navire, Barques en mer, etc.

Dessins et croquis.                 22 feuilles.

*905.*

*Les Voyages ..... à 58f. ind[.])*

*a aglebere.      905.*

*Maroc.      14.082.*

*Espagne (..........) 260.*

*16.247.*

# Voyage au Maroc

(1831-32)

515. — Assemblée de Juifs et de Juives à Tanger. *Galéri*
Étude.

*Aquarelle.*

516. — Marocain courant la poudre. ——— *Sent. o. Ndhe*
*Aquarelle.*

517. — Procession de musiciens à Mogador. *cavé.*
*Aquarelle.*

518. — Écrivain public arabe. ——— *d'Atille*
*Aquarelle.*

519. — Arabe assis, écrivant sur une table.
*Aquarelle.*

520. — Arabes écrivant sur leurs genoux.
*Aquarelle.*

521. — Jeune Arabe dans son appartement.
*Aquarelle.*

522. — Arabe dans un intérieur.
*Aquarelle.*

523. — Nègre assis sur le seuil d'une porte.
*Aquarelle.*

524. — Jeune Arabe adossé au mur, tenant un fusil.
*Aquarelle.*

525. — Autre Arabe, de face, tenant un fusil. *Barbed de*
*Aquarelle.*

**526.** — Cheik arabe couché sur un tapis.

*Aquarelle.*

**527.** — Berbère des montagnes, vu de face.

*Dessin rehaussé.*

**528.** — Le même, vu de profil.

*Dessin rehaussé.*

**529.** — Le même assis.

Ces trois études portent la date : *16 février.*

*Dessin rehaussé.*

**530.** — Jeune Arabe, vêtu de blanc, avec une ceinture rouge et les jambes nues, vu de dos. — Le même assis.

Deux études sur la même feuille.

*Aquarelle*

**531.** — Le même, vu de face, debout.

Deux études sur la même feuille.

*Aquarelle.*

**532.** — Portrait du même.

*Dessin.*

**533.** — Jeune courrier arabe, debout, vu de face.

*Dessin.*

**534.** — Études d'après le même, vu de dos.

*Dessin.*

**535.** — Deux études d'après le même, assis.

*Méquinez, 3 avril.*

*Crayon et aquarelle.*

**536.** — Maure vêtu d'un burnous rayé, vu à mi-corps.

*Dessin.*

**537.** — Le même vu de face, assis, les jambes croisées.

*Dessin rehaussé.*

**538.** — Le même, assis, vu de profil.

*Dessin rehaussé.*

**539 et 540. — Maure debout.**

Deux études ayant servi pour le tableau de la *Revue de l'empereur de Maroc.*

Aquarelles.

**541. — Muletier de Tétuan.**

Aquarelle.

**542. — Juif maure assis sur un banc.**

Deux études sur la même feuille.

Aquarelle et crayon.

**543 à 547. — Cinq autres études d'après des Marocains.**

Aquarelles.

**548. — Musiciens ou Bouffons arabes.**

Deux études sur la même feuille.

Mine de plomb.

**549. — Tête de femme juive.**

Deux études sur la même feuille.

Crayon.

**550 et 551. — Études de femmes ayant servi pour la *Noce juive.***

2 aquarelles.

**552. — Études ayant servi pour les *Femmes d'Alger.***

Aquarelle.

**553. — Mariée juive, assise sur des coussins, vue de face.**

Aquarelle.

**554. — Femme juive, assise, avec un jupon rouge, bordé d'or.**

Aquarelle.

**555. — Autre femme juive, avec un jupon vert.**

Étude datée : *28 février.*

Aquarelle.

*182.*

*166*
*110.*  556. — Autre femme juive.

Étude datée : *28 février*.                                  Mine de plomb.

*Sabet*.

*105.*  557 à 561. — Cinq études de costumes de Mariée
juive.

Aquarelle.

*80.*  562. — Étude de Juive, coiffée d'un fichu jaune. — *Barbel d. Jouy*

Aquarelle.

*58.*  563. — Deux études de femmes juives en costumes
de fête.

Aquarelle.

*180.*  564. — Intérieur de la chambre de M. Eugène
Delacroix pendant son séjour à Tanger.

Aquarelle.

*85.*  565. — Étude d'intérieur ayant servi pour la *Noce*  *Dauzats*
juive.

Aquarelle.

*60.*  566. — Autre étude d'intérieur.

Aquarelle.

*96.*  567. — Étude d'architecture moresque.

Aquarelle.

*40.*  568. — Étude de meschla, vêtement arabe rayé.

Pastel.

*50.*  569. — Étude de nature morte : fruits et légumes  *Gavot*
dans des paniers.

On lit au bas de cette aquarelle : *28 janvier, la Morma*.

Aquarelle.

570. — Études de têtes de Marocains et d'Arabes.

7 dessins.

*540.*  571. — Scènes de la vie arabe, costumes d'hommes, de femmes, de jeunes garçons d'après
nature.

Dessins et aquarelles.                          Environ 250 feuilles.

*Sch. Alat.*
*Devinck.*
*Gallichon,*
*Leuser.*

*568.*

*19.8698.*

*1834*

*213.*

*125.*

*430.*

*728.*

*282.*

*14082.*

572. — Études et croquis de personnages, cos-  
tumes, intérieurs, détails d'architecture, etc.

Environ 800 feuilles.

---

573. — Vues de la ville de Tanger, prises hors  
des murs.

2 pastels.

574. — Mars-el-Kébir, côte d'Afrique.

Aquarelle.

575. — Autres vues des côtes d'Afrique, prises  
de la mer.

2 aquarelles.

576. — Côte d'Afrique, détroit de Gibraltar.

*23 janvier.*

Aquarelle.

577. — Côte d'Afrique, détroit de Gibraltar.

Aquarelle.

# Voyage en Espagne

## au retour du Maroc

(1832)

————

578. — Portrait d'une jeune dame espagnole en costume de manola.

Aquarelle.

579. — Étude d'après la même personne, buste.

Aquarelle.

580. — Vue des côtes d'Espagne.

*Salabrana, 19 janvier, près d'Almérie.*

Aquarelle.

581. — Vue prise de la mer. *Algecirez.*

Aquarelle.

582. — Autre vue des côtes d'Espagne, prise de la mer.

Aquarelle.

583. — Vue d'un village dans les montagnes.

Aquarelle.

584. — Une rue à Séville.

Aquarelle.

585. — Costumes de toréadors, de moines, etc. — Intérieurs de sacristies, de galeries et de cours, etc.

Études diverses, croquis rehaussés d'aquarelle, etc.

103 feuilles.

586. — *Toulon*, deux vues prises de la mer et études de matelots et de forçats.

Dessins et aquarelles.

7 feuilles.

# Paysages et Fleurs

*( de 587. à 625. incl.)* 12,935/

48.    587. — Paysages des environs de Tours (1834).    *à divers... Barty de...*

                                                    18 aquarelles.

43.    588. — Bords de la Loire et du Cher.

                                                    13 aquarelles.

78.    589. — Frépillon. (Environs de Montmorency).    — *Barty. di*

      Croquis datés de 1837, 1838 et 1842.                         26 feuilles.

61.    590. — Têtes de paysannes. Études de paysages, d'arbres, de charrues, etc.

      Dessins et aquarelles faits à Nohant en 1842 et 1843.

                                              24 feuilles.

90.    591. — Paysannes des environs d'Eaux-Bonnes.   *Facien.*

                                                  Aquarelle.

82.    592. — Paysanne des environs d'Eaux-Bonnes,   — *Barvillot.* portant une corbeille sur la tête.

                                      Dessin rehaussé d'aquarelle.

—    593. — Muletier basque assis.

                                             Étude au crayon.

74.    594. — Études de muletiers et de paysannes. — Vues de montagnes.

      Aquarelles et dessins.

76.                                                27 feuilles.

*1676.*

*1792.*

595. — Études de falaises et de rochers, faites à Trouville.

Aquarelles et dessins.

21 feuilles.

*1572.*

596. — Études de paysages, faites en Normandie, vallées, dessous de bois, ruisseaux, etc. — Bords de la Seine.

15 aquarelles et sépias.

*2.101.*

597. — Ruines de l'Abbaye de Valmont, vues extérieures et intérieures. Détails d'architecture, tombeaux, etc.

Aquarelles, sépias et croquis.

50 feuilles.

*205.*

598. — Falaise des environs de Trouville.

Pastel.

599. — Les bords de la Seine.

Étude datée : *25 mai 1847.*

Pastel.

*964.*

600. — Études faites dans le port de Dieppe et dans les environs : vagues, soleils couchants, etc. (1852, 1854 et 1855.)

20 aquarelles.

*32.*

601. — Croquis de matelots, Études de navires, barques, détails d'agrès, etc.

Aquarelles, dessins et croquis.

42 feuilles.

*137.*

602. — Études de paysages, environs de Champrosay.

2 aquarelles.

*144.*

603. — Études de paysages, d'arbres, etc., faites à Champrosay, de 1846 à 1863.

Aquarelles et dessins.

40 feuilles.

*8.013.*

*0/3*

*3 16.*  604. — Études diverses de paysages.
36 aquarelles et sépias.

*—*  605. — Un coin de jardin.
Pastel.

*/3o.*  606. — Études de jardin au printemps.
8 pastels.

*—*  607. — Allées de forêt à l'automne, et paysages.
5 pastels.

*00 .*  608. — Ciels brumeux, matin,
2 pastels.

*—*  609. — Ciels clairs et dorés.
4 pastels.

*—*  610. — Ciels orageux, nuages courants.
2 pastels.

*—*  611. — Ciels clairs, soleil couchant.
2 pastels.

*? 2 .*  612. — Soleils couchants, nuageux. ———— *à 3 à 2 20*
3 pastels.

*—*  613. — Soleils couchants.

Ces désignations sont celles mêmes que M. Eugène Delacroix
avait écrites au dos de ces études.
4 pastels.

*·oo . / X*  614. — Bouquets de fleurs : dahlias, roses, *V. Piron après 1865.*
soucis, marguerites, etc. (¹) *Piron.* *11. avril 1865.*
Aquarelle. (Haut. et larg., 61 cent.) *300f. —*

*o 5 .*  615. — Étude de fleurs placées dans des vases.
Pastel.

*/0 .*  616. — Étude de liserons blancs. ———— *Paravet*
Pastel.

(1) Cette aquarelle a été spécialement désignée par M. Eugène Delacroix, dans
son testament, comme devant figurer à sa vente.

*46 .*

*11.146.*

*100.*

647. — Étude d'hortensia.

Pastel.

*115.*

648. — Étude de plantes grasses. —————— *3 ord*

Pastel.

—

649. — Étude de rose trémière.

Pastel.

—

620. — Jasmin de Virginie et dahlias.

Pastel.

*230.*

621. — Études de fleurs. ——————— *acob*

4 pastels.

*300.*

622. — Bouquets de chrysanthèmes, etc. *2 cyme*

Aquarelle.

—

623. — Études de chrysanthèmes roses et jaunes.

Aquarelle.

—

624. — Feuillages et fleurs.

Aquarelle.

*760.*
*et*
*284.*

625. — Études diverses de fleurs. ———— *a o.u*

Aquarelles, dessins et croquis.

77 feuilles.

*12.935.*
*3.000*
*15.935.*

———————

# Études diverses

*de 626. à 661. incl.)*    *4, 582 f.*

*415.*  626. — Études d'après l'antique, statues, monuments, fresques, ouvrages gravés, etc.

Dessins et croquis.                           146 feuilles.

*32.*  627. — Calques et ornements.

104 feuilles.

628. — Études d'après des statues des cathédrales de Chartres et de Strasbourg.

Dessins et croquis.                           16 feuilles.

*33.*  629. — Études d'après Pérugin, Mantègne, Michel-Ange, etc.

Dessins et croquis.                           27 feuilles.

*58.*  630. — Études d'après Véronèse, Titien, Tiepolo, etc.

Aquarelles et dessins.                        39 feuilles.

*154.*  631. — Études d'après divers maîtres italiens.

Dessins et croquis.                           109 feuilles.

*104.*  632. — Études d'après Albert Durer.

Dessins et croquis.                           21 feuilles.

*096.*

*1096.*

*20.*

**633.** — Études d'après des portraits d'Holbein.

4 dessins.

—

**634.** — Seigneurs et dames à cheval, d'après Rubens.

Aquarelle.

*132.*

**635.** — Études d'après Rubens.

8 sépias et aquarelles.

*321.*

**636.** — Études d'après Rubens. ⸻

17 dessins à la plume.

*31.*

**637.** — Autres études d'après Rubens.

Dessins et croquis.

80 feuilles.

*43.*

**638.** — Études d'après Van-Dyck et des maîtres flamands.

6 dessins.

—

**639.** — Études d'après Rembrandt.

Dessins et croquis.

4 feuilles.

*35.*

**640.** — Études d'après Goya. ⸻ *Barly*

Dessins et croquis.

11 feuilles.

*81.*

**641.** — Études d'après les maîtres de l'école française, Poussin, Lesueur, Watteau, Prud'hon, etc.

Dessins et croquis.

18 feuilles.

*170.*

**642.** — Calques et croquis d'après des caricatures anglaises de Rowlandson, etc. ⸻

40 feuilles.

*1.929.*

643. — Études d'après la tête d'un Juif nommé _Le maisonat._
Mustapha.

2 dessins.

644. — Tête d'un jeune Turc. _d. Laage._
Deux études sur la même feuille.

Mine de plomb.

645. — Tête d'un Chinois.
Mine de plomb.

646. — Buste d'homme qui écrit.
Dessin.

647. — Buste de jeune homme qui dessine.
Deux études sur la même feuille.

Dessin.

648. — Études de têtes de femmes d'après nature. _à divers. Barly. Ridel_
Aquarelles et dessins.

54 feuilles.

649. — Portraits et études de têtes d'hommes, d'après nature. _à divers._
Aquarelles, dessins et croquis.

45 feuilles.

650. — Types divers de Maltais, de Turcs, de Chinois.
Dessins et croquis.

23 feuilles.

651. — Études d'enfants, de mains, de bras, etc. _à divers_
Dessins et croquis.

150 feuilles.

652. — Croquis d'après des sauvages Yowais, et _Ph. Rousseau._
souvenirs de scènes du Théâtre-Français.
Croquis.

33 feuilles.

653. — Études de têtes et d'académies d'hommes _à divers._
et de femmes, d'après des photographies.
Dessins à la mine de plomb et à la plume.

74 feuilles.

654. — Costumes, ornements, etc., faits pour la plupart d'après des monuments indiens. — Costumes, armes, etc., de l'Orient.

Aquarelles, dessins et croquis.

85 feuilles.

655. — Études d'après des costumes, ornements, etc., du Moyen Age et de la Renaissance.

Aquarelles, dessins et croquis.

230 feuilles.

656. — Calques de costumes et d'ornements à la plume, pour la plupart rehaussés d'aquarelle, d'après des manuscrits.

110 feuilles.

657. — Ornements, détails d'architecture, etc.

Aquarelles, dessins et calques.

87 feuilles.

658. — Diverses études d'intérieurs et de natures mortes.

8 aquarelles et sépias.

659. — Études d'ostéologie et de myologie.

Dessins et croquis.

71 feuilles.

660. — Études d'après des cadavres et des écorchés.

Dessins aux deux crayons et à la plume.

55 feuilles.

661. — Un carton contenant des académies et des études d'après la bosse.

70 feuilles.

# Livres de Croquis

ALBUMS DE VOYAGE ET CARNETS DE POCHE

COUVERTS D'AQUARELLES, DE DESSINS AU CRAYON OU A LA PLUME, DE PROJETS
DE COMPOSITIONS ET DE NOTES MANUSCRITES

662. — Voyage en Angleterre.

3 albums et carnets.

663. — Voyage au Maroc et en Espagne.

7 albums.

664. — Séjours à Champrosay, en Normandie, dans les Pyrénées, à Frépillon, etc.

27 albums et carnets.

664 *bis*. — Projets de compositions, croquis d'après nature, notes manuscrites, depuis la jeunesse de M. Delacroix jusqu'à ses dernières années.

18 albums et carnets.

*3,823 f.*

# Dessins et Aquarelles

## Par divers Maîtres

*( de 665. à 669. incl'.)*

### R.-P. BONINGTON

*50.* —     665. — Un chevalier et une dame.

Sépia.

*145.*      666. — Un paysage.

Sépia.

### L. BOULANGER

*40.*      667. — Les Fantômes et Études diverses.

6 aquarelles et dessin.

### L. DUPRÉ

*38.*      668. — Ali Pacha de Janina dans son kaïque.

Aquarelle.

### THALÈS ET NEWTON FIELDING

*55.*      669. — Paysages et études.

27 aquarelles et sépias.

*328.*

# TH. GÉRICAULT

**670. — Têtes d'Arabes.**

Deux aquarelles sur la même feuille, et, au verso, croquis au crayon d'un mameluk debout.

**671. — Buste de cuirassier vu de dos.**

Dessin.

**672. — Cheval sellé.**

Aquarelle.

# PAUL HUET

**673. — Lisière de forêt à la tombée de la nuit, et deux autres paysages.**

Aquarelle et 2 dessins.

# E. MEISSONIER

**674. — Un Épisode de guerre civile.**

Des insurgés, morts ou mourants, sont à demi ensevelis sous les pavés d'une barricade qui traverse une rue.

Aquarelle.

(Haut., 26 cent. ; — larg., 21 cent.)

# H. MONNIER

**675. — Le Mécontentement intérieur.**

Aquarelle.

## JULES ROMAIN

676. — Têtes de guerriers antiques.

## BREUGHEL DE VELOURS

(Attribué.)

677. — Assemblée d'hommes et de femmes.

Croquis à la plume.

## LEPRINCE

678. — Costumes de femmes persanes.

2 aquarelles.

## WATTEAU, de Lille

679. — Costumes de dames, et scènes diverses.

7 croquis à la sanguine.

# EAUX-FORTES

—

# PIERRES LITHOGRAPHIÉES

—

# LITHOGRAPHIES

∿∿∿∿∿

## EXPOSITION PUBLIQUE

## Le Dimanche 28 Février 1864

DE UNE HEURE A CINQ HEURES

Salle n° 4

## VENTE

## Le Lundi 29 Février

A DEUX HEURES PRÉCISES

Salle n° 4

Les Sacres faits. ——————— 558./.

des Lithographies. ——————— 2,301./

Les Pierres Lithographiés. —— 2.860/.

5.719. =

# EAUX-FORTES

## PIERRES LITHOGRAPHIÉES

### ET LITHOGRAPHIES

## Eaux-fortes

### par Eugène Delacroix

*( 558. /.)*

*680.* — Intérieur d'hôpital militaire.  
Aqua-tinte.

*681.* — Officier de lanciers rouges à cheval.  
Aqua-tinte.

*682.* — Mameluk retenant un cheval.  
Aqua-tinte.

*683.* — Turc montant à cheval.  
Aqua-tinte.

Ces quatre pièces sont gravées à l'aqua-tinte et, à ce qu'il
nous semble, d'après des peintures ou des dessins de
Géricault.

684. — Turc sellant son cheval. _____

Pièce à l'aqua-tinte et à la pointe.

685. — Combat de cavaliers grec et turc.

Eau-forte.

686. — Cavalier turc poursuivant des Grecs sur un champ de bataille. _____

Eau-forte.

687. — Un Ange, agenouillé sur des nuages, souffle dans une trompette recourbée et désigne du geste ces mots écrits sur une banderole : *Eaux-fortes par Eugène Delacroix.*

2 épreuves.

688. — Portrait en buste de jeune femme. _____

2 épreuves.

689. — Étude de femme nue, vue de dos, couchée sur un lit.

5 épreuves.

690. — Soldat allemand tenant un cheval par la bride. _____

2 épreuves.

691. — Homme debout, tenant une épée, la poitrine couverte d'une armure.

2 épreuves.

692. — Arabes d'Oran.

2 épreuves.

Ces six eaux-fortes sont signées : *Eug. Delacroix* et datées de 1833.

693. — Juive d'Alger avec une négresse, assises dans un intérieur.

Signé : *Eug. Delacroix,* 1833.

Eau-forte. — 2 épreuves.

**694. — Chef maure à Méquinez.** ———————— *Lejeune.*

Cette eau-forte, signée : *Eug. Delacroix*, 1833, a été publiée dans *les Artistes contemporains*, de M. Lenormand.

Épreuve avant la lettre.

**695. — Tigre couché dans la campagne.** ———— *au rieu.*

Épreuve de premier état.

**696. — Tigre couché dans un antre.** ———— *Piot.*

Eau-forte inachevée. — 3 épreuves.

**697. — Choc de cavaliers arabes.** ———— *Goldschmidt.*
*Barly*
Signé : *Eug. Delacroix*, 1834.

3 épreuves. *Jules Polit*

*Piot,*

**698. — Christ au roseau.** ——————————

Cette eau-forte a été publiée dans le *Cabinet de l'Amateur et de l'Antiquaire*.

Épreuve de premier état.

**699. — Lion déchirant un Arabe.** *au rieu.*
*Servois*
Cette eau-forte, au vernis mou, signée : *Eug. Delacroix*, 1849, *drag.*
a été publiée dans *l'Artiste*. *Lecoute.*
4 épreuves de premier état.

# Pierres lithographiées

### par Eugène Delacroix.

NOTA. — *Quatre épreuves de chacune de ces pierres ont été tirées chez M. Lemercier pour constater l'état actuel et seront vendues avec les pierres elles-mêmes.* ·

## HAMLET

#### DRAME DE SHAKESPEARE

SUITE DE TREIZE COMPOSITIONS LITHOGRAPHIÉES PAR EUGÈNE DELACROIX
EN 1834 ET 1843

700. — Cher Hamlet, écarte cette sombre apparence!

Mon destin me crie de le suivre.

Je suis l'esprit de ton père.

Que lisez-vous, monseigneur?

C'est une intrigue scélérate.

Voudriez-vous jouer de cette flûte?

A présent je puis le tuer facilement.

Qu'est-ce donc? Un rat!

N'ajoute rien de plus!

Vraiment, ce conseiller est maintenant bien silencieux!

Ses vêtements appesantis et trempés d'eau ont entraîné la malheureuse.

Ce crâne, monsieur, était celui d'Yorick.

Ah! je meurs, Horatio!...

Sur une pierre destinée à imprimer la couverture, on lit :
*Hamlet. — Treize sujets dessinés par Eug. Delacroix.*
A Paris, chez Gihaut frères, édit., boulevard des Italiens,
n° 3. Lith. de Villain, rue de Sèvres, 19.

Ensemble, 14 pierres.

### SUJETS POUR L'HAMLET DEMEURÉS INÉDITS

701. — Reproches d'Hamlet à Ophélie.

Scène de folie d'Ophélie.

Combat d'Hamlet et de Laerte dans la fosse.

3 pierres.

### SUJETS DE GŒTZ DE BERLICHINGEN

702. — Gœtz et frère Martin.

Weisslingen enlevé par les hommes de Gœtz.

Gœtz cherchant à ramener au bien Weisslingen.

Gœtz lisant ses mémoires à sa femme.

4 pierres.

### SUJETS DIVERS

703. — Macbeth et les sorcières.

1 pierre.

704. — Scène tirée du roman de Redgauntlet.

1 pierre.

705. — Médailles et bas-reliefs antiques.

5 pierres.

706. — Cheval sortant de l'eau.

1 pierre.

707. — Muletiers de Tétuan et Femmes d'Alger.

2 pierres lithographiées à la plume.

708. — Portrait de jeune homme, en buste.

Attribué à M. Delacroix.

1 pierre.

# Lithographies

### par Eugène Delacroix.

*2,301.*

**709.** — Portrait d'homme décoré de la plaque du Saint-Esprit. ——————————— *Bibliothèque*

Épreuve d'essai, avec croquis sur les marges.

**710.** — Portrait de M. le baron Schwiter, à l'âge de vingt et un ans. ——————————— *Burty*

Signé : *Eug. Delacroix.*

Épreuve sur chine.

**711.** — Duel polémique entre dame Quotidienne et messire le Journal de Paris. —————— *Bibliothèque*

Cette caricature a été publiée dans le journal *le Miroir.*

**712.** — La Consultation.      *Dessins*

Quatre médecins sont réunis dans la chambre d'un malade agonisant qui, de son lit, semble les entendre avec terreur. L'un pérore, les autres l'écoutent en somnolant ou la tête appuyée sur leur canne à corbin. Derrière la chaise de l'un d'eux, la Mort, assise à terre, aiguise sa faux en ricanant.

Plusieurs épreuves.

**713.** — Turc debout. — Homme marchant, vu de dos. — Ruines d'un monastère. — Deux bustes d'hommes.      *Bibliothèque*

4 croquis sur une même feuille.

**714.** — Jeune nègre à cheval.      *Lecomte et Dau*

Signé : *E. D.*

Plusieurs épreuves.

**715.** — Redgauntlet poursuivi par un lutin à cheval.

Signé : *Eug. Delacroix.*

**716.** — Le Message. — Un homme, assis dans son cabinet, lit une lettre que vient de lui apporter un cavalier qui s'appuie distraitement à la table.

Sur les marges, un croquis d'homme en armure et une tête de tigre.

Lithographie d'après une aquarelle de Bonington.

**717.** ⊥ Une feuille contenant 12 croquis de médailles antiques; l'une représente une tête à double visage.

*E. Delacroix, 1825.* — Cette signature se répète aux quatre suivantes.

Plusieurs épreuves.

**718.** ✝ Feuille contenant six croquis de médailles antiques; l'une d'elles représente un lion dévorant un bœuf.

Plusieurs épreuves.

**719.** ✝ Feuille contenant quatre croquis de médailles antiques; une d'elles représente un taureau la tête baissée.

Plusieurs épreuves.

**720.** ✝ Feuille contenant neuf croquis de médailles antiques; une d'elles représente une Victoire planant sur un taureau à face humaine; une autre, une Chimère.

Plusieurs épreuves.

721. — Feuille contenant sept croquis de médailles antiques; une d'elles représente un quadrige.

Plusieurs épreuves.

722. — Macbeth et les Sorcières.

... Toil and trouble.
Fire burn, and cauldron bubble.

Cette pièce, exécutée en grande partie au grattoir, est signée : *E. Delacroix.*

5 épreuves.

723. — La Fuite du contrebandier.

Épreuve d'essai d'une lithographie qui a servi de couverture à une ballade de Betourné.

724. — Frère Martin serrant la main de fer de Goetz.

3 épreuves.

725. — Weisslingen enlevé par les gens de Goetz.

2 épreuves.

726. — Goetz lisant ses mémoires à sa femme.

2 épreuves.

727. — Frantz implorant le pardon de Weisslingen qu'il a empoisonné.

Épreuve sur Chine.

728. — Goetz blessé, accueilli par les Bohémiens.

729. — *Le Faust,* tragédie de M. de Goethe, ornée de dix-sept dessins par M. Eugène Delacroix. Paris, Motte et Sautelet, 1828. —

Un volume in-folio broché, contenant, outre les lithographies d'Eugène Delacroix, la traduction du drame allemand par M. Stapfer.

La plupart des lithographies de cet exemplaire sont tirées sur papiers de différents tons.

6. + 730. — Méphistophélès planant dans les airs. *Piot.*
Épreuve avant toute lettre.

17 + 731. — Faust debout dans son cabinet. *Burty.*
Épreuve avant toute lettre.

10. 732. — Faust et Wagner assis dans la campagne, *Burty.*
Épreuve avant toute lettre.

40. X 733. — Méphistophélès apparaissant à Faust. *Bellement.*
Épreuve avant toute lettre.

13. *claire* 734. — Méphistophélès, sous les habits de Faust. *Seusiel.*
6. *Hartx* recevant l'écolier. *Dauvin.*
2 épreuves avant toute lettre.

12. + 735. — Scène de sorcellerie dans la taverne des *Draq.*
étudiants.
Épreuve avant toute lettre.

16. + 736. — Faust accostant Marguerite dans la rue. *Burty.*
Épreuve avant toute lettre.

20. + { 737. — Méphistophélès se présentant chez Marthe. *Pollet.*
Parmi les croquis qui couvrent les marges, on distingue des
lions assis ou couchés, des lionnes marchant ou endormies,
des têtes d'hommes, des cavaliers qui combattent, etc.

0. + { 738. — Même composition. *Petit.*
Les croquis sont effacés.

1. + 739. — Marguerite rêvant près de son rouet. *Petit.*
Dans la marge inférieure, un paysage.

2. + 740. — Duel de Faust et de Valentin. *Lecaule.*
Épreuve avant toute lettre.

0. + 741. — Faust et Méphistophélès s'enfuyant. *Piot.*
Croquis sur les marges, entre autres un homme en costume
allemand, vu de dos.

5. + 742. — Marguerite à l'église. *Petit.*
Épreuve avant toute lettre.

743. — Faust et Méphistophélès dans les montagnes du Hartz.

Sur les marges, croquis de chevaux, reptiles, barque à
voile, etc.

744. — Même composition.

Les croquis sont effacés.

745. — Apparition de l'ombre de Marguerite à
Faust.

Croquis confus sur les marges.

746. — Même composition.

Les croquis sont effacés.

747. — Même composition, avec les paroles du
drame :

« Laisse cet objet, on ne se trouve jamais bien de le regar-
der..., » etc.

748. — Faust et Méphistophélès à cheval. galopant dans la nuit du Sabbat.

Croquis confus dans la marge inférieure.

749. — Scène dans la prison de Marguerite.

Épreuve avant toute lettre.

750. — *Jane Shore*, acte V, scène III.

751. — Hamlet contemplant le crâne d'Yorick.

Épreuve d'essai, avec des croquis sur les marges.
Cette pièce forme pendant à celle indiquée au n° précédent.

752. — Le Giaour insultant le cadavre du pacha
vaincu.

2 épreuves.

753. — Boisguilbert sur son lit, maudit par la sorcière.

754. — Un guerrier franc.

Cul-de-lampe pour l'introduction du *Voyage en Auvergne*, du baron Taylor. — Signé : *Lacroix*, 1829.

755. — Même composition.

Essai inachevé.

756. — Scène d'Ivanhoé.

Épreuve d'essai avec croquis de femmes sur les marges.

757. — Même composition.

Les croquis sont effacés.

758. — Les Chroniques de France.

Deux pièces avant toute lettre, sur chine.

759. — Tigre royal, couché dans la campagne.

Épreuve d'essai, sur chine, avant toute lettre.

760. — Même composition.

Avec le titre : *Tigre royal*, et avec les adresses de l'imprimeur-éditeur Gaugais.

Épreuve sur chine.

761. — Jeune tigre jouant avec sa mère.

762. — Le jeune Clifford trouvant le corps de son père sur le champ de bataille de Saint-Albans.

763. — Le prisonnier de Chillon.

Ces trois lithographies ont été publiées dans le journal *l'Artiste*, en 1831 et 1835.

**764.** — Femme de Tanger étendant du linge. —

Signé : *Eug. Delacroix.*

Cette lithographie et les cinq suivantes sont exécutées à la plume.

**765.** — Femmes d'Alger.

Signé : *Eug. Delacroix.*

2 épreuves.

**766.** — Muletiers de Tétuan.

Signé : *Eug. Delacroix*, 1833.

**767.** — Costumes de Tanger.

Signé : *Eug. Delacroix.*

**768.** — Trois Arabes causant étendus sur des coussins.

Lithographie autographiée.

**769.** — Croquis de têtes et Buste de jeune homme en armure.

Les autres croquis qui couvrent cette épreuve ne sont point de M. Eugène Delacroix.

**770.** — Femme d'Alger assise, et une Rue à Mequinez.

Deux lithographies ornant le haut et le bas d'une des pages du Livre d'or édité par Curmer.

**771.** — *Hamlet.* Treize sujets dessinés par Eugène Delacroix. A Paris, chez Gihaut frères, édit.

Un cahier entièrement composé d'épreuves anciennes et plusieurs cahiers imcomplets.

**772.** — Cher Hamlet, écarte cette sombre apparence !

Signé : *Eug. Delacroix*, 1835.

Épreuve avant la lettre.

773. — Mon destin me crie de le suivre...

Signé : *Eug. Delacroix*, 1835.

Épreuve avant la lettre.

774. — Que lisez-vous, monseigneur?...

Épreuve avant la lettre.

775. — Voudriez-vous jouer de cette flûte?

Épreuve avant la lettre.

776. — Qu'est-ce donc? Un rat!

Épreuve avec la lettre.

777. — N'ajoute rien de plus, cher Hamlet...

Épreuve d'essai, avec un croquis de femme sur la marge. — *Eug. Delacroix*, 1834.

778. — Même composition.

Le croquis est effacé.

Épreuve avant la lettre.

779. — Hamlet insultant Ophélie.

Signé : *Delacroix*.

Lithographie inédite.

780. — Scène de la folie d'Ophélie.

Signé : *Eug. Delacroix*, 1834.

Lithographie inédite.

781. — Ses vêtements appesantis et trempés d'eau ont entraîné la malheureuse.

Signé : *E. D.*, 1843.

Épreuve avant la lettre.

782. — Combat d'Hamlet et de Laerte dans la fosse.

Lithographie inédite.

783. — Lion dévorant un cheval.

Lithographie publiée par M. Bertauts dans *les Artistes contemporains*.

2 épreuves.

784. — Hercule accoudé à une colonne, tenant sa
massue.

2 épreuves.

785. — Croquis de paysage : un arbre, une chau-
mière.

3 épreuves.

786. — Le Tigre royal.
Le Lion de l'Atlas.

2 lithographies dans un cadre.

Ce cadre et les quatre suivants sont ceux-là mêmes qui furent
exposés dans une des salles du musée du Luxembourg,
en 1852.

787. — Chronique de France, le château de Pon-
torson.
Gœtz lisant ses mémoires à sa femme.
Gœtz recueilli par les Bohémiens.

3 lithographies dans un cadre.

788. — Macbeth et les sorcières.
La Scène de folie d'Ophélie.
Le Giaour, épreuve d'essai, avec des croquis
dans la marge inférieure.
Jeune tigre jouant avec sa mère.
Cheval sortant d'un marais. — *Eug. Delacroix*,
décembre 1828.

5 lithographies dans un cadre.

789. — Lion déchirant un Arabe, eau-forte au
vernis mou.
La mort d'Ophélie.

1 eau-forte et 1 lithographie dans un cadre.

790. — Cinq feuilles d'études d'après des médailles et des bas-reliefs antiques.

5 lithographies dans un cadre.

791. — Lionne allaitant ses petits et Tigre.

Épreuve d'un bois gravé.

792. — Bois divers, gravés pour le *Magasin pittoresque*, etc.

12 épreuves.

## LITHOGRAPHIES ET GRAVURES

### D'APRÈS EUGÈNE DELACROIX

par MM. E. Lassalle, E. Le Roux, Mouilleron, Nanteuil, Français, Sirouy, Masson, etc.

793 à 797. — La Barque du Dante. — La Médée furieuse. — Saint Sébastien et les saintes femmes. — Marphyse, sujet tiré de l'Arioste. — Juliette et Roméo, scène des tombeaux. — Turc assis près du harnachement de son cheval. — La Mort de Valentin. — Le Tasse dans sa prison. — Mort de l'évêque de Liége. — La Mort du Brigand, etc. — Scène de naufrage. — Odalisque. — Christ sur les genoux de la Vierge. — Sardanapale, etc. — Lion déchirant un serpent. — Massacre de Scio, etc.

798. — Un carton contenant des photographies, d'après des tableaux divers d'Eugène Delacroix.

*(95°.)*

# Eaux-fortes

## et Lithographies par divers Maîtres

---

### BARYE

*6.*

799. — Animaux : lions, chats, etc.

4 lithographies.

### BONINGTON

*16.*

800. — Vue de Bologne. ──────── *Clément.*

Eau-forte.

*35.*

801. — Le Médecin de l'hôpital. — Fontaine de la   *Dons.?*
rue de la Crosse.           *.D.*

2 lithographies.

### L. BOULANGER

*26.*

802. — Scènes fantastiques, animaux, etc.     *.D.*

12 lithographies.

### TH. CHASSÉRIAU

*2.*

803. — OTHELLO. — Quinze esquisses à l'eau-
forte, dessinées et gravées par Th. Chassériau.   *Lecocte.*
Paris, 1844.

### H. DAUMIER, GAVARNI ET H. MONNIER

804. — Caricatures diverses, publiées pour la plupart dans *le Charivari*.

513 feuilles.

*92.*

## DECAMPS

*92.*

*2. 50.* 805. — Le petit Savoyard. — Une patrouille à Smyrne.

2 lithographies.

### D'APRÈS DECAMPS

*14.*
*10.*
*8.* 806. — Lithographies et gravures par Eugène Le Roux, Masson, etc.

16 pièces.

## HENRIQUEL DUPONT

*2.* 807. — Cromwell, d'après Paul Delaroche. — Portrait de jeune femme.     *Burty.*

Eaux-fortes.

## TH. GÉRICAULT

*5.* 808. — Deux portraits de Géricault, par M. Léon Cogniet. — Autre portrait de Géricault.

2 lithographies.

*2.* 809. — Le Factionnaire suisse au Louvre.

Lithographie.

*18.* 810. — Mameluk défendant, contre des Cosaques, un trompette blessé.     *Bour. Re.*

Lithographie.

*20.* 811. — La Retraite de Russie.     *Burty.*

Un grenadier manchot conduit par la bride le cheval d'un cuirassier aveugle.

Lithographie.

*5.* 812. — Marche dans le désert. — Passage du mont Saint-Bernard.     *Sous...*

2 lithographies.

*188.*

*R. 188.*

*45.*

*200.*

*26.*

*32.*

*30.*

*18.*

*9.*

*21.*

*9.*

*10.*

*588.*

813. — Pity the sorrows of a poor old man, whose trembling limbs have borne him to your door!

814. — A Paralytic woman.

815. — A Party of life-guards.

816. — The Flemish farrier.

817. — The coal-waggon.

818. — Horse going to a fair.

819. — An Arabian horse.

Suite de sujets divers, lithographiés par Géricault pendant son séjour à Londres, publiés par Rodwell et Martin, imprimés par C. Hulmandell.

820. — Jockey sur un cheval noir qui trotte.
Marchand de poissons endormi taquiné par des enfants.
Domestique sur un cheval de course qui marche au pas.
Gamins forçant un âne à marcher.
Lion dévorant un cheval.

Suite de 5 lithographies exécutées à la plume.

821. — Quatre sujets divers par Géricault. Paris, chez M$^{me}$ Hulin, rue de la Paix.

4 épreuves.

822. — Études de chevaux, lithographiées par Géricault. Chez Gihaut, 1822. Imprimées chez Engelmann.

14 lithographies.

*588.*

*37.*

823. — Autre suite d'études de chevaux : répétition des sujets exécutés en Angleterre. — Naufrage de la Méduse et autres pièces par et d'après Géricault.

Ensemble, 23 lithographies.

## GOYA

*14.* 824. — Le Supplice de la garrotte. ——— *Der. Uters*

Eau-forte.

*9.* 825. — Les Nains de Philippe IV, d'après Velasquez. — *Barty.*

2 eaux-fortes.

*8.* 826. — Les Caprices.

6 eaux-fortes, épreuves modernes.

*3f.* 827. — Portrait d'homme, en buste, la tête nue et vue de trois quarts. — *Barty.*

Lithographie.

*2 5.* 828. — Danse espagnole.

Lithographie.

*35.* 829. — Dibersion de Espana. Scène de tauromachie. *D ar. Uters.*

830. — Autre scène de tauromachie.

## GROS

831. — Arabe du désert et Chef de mameluks. *D ar. Uters.*

2 lithograp

## GUÉRIN

*9.* 832. — Le Vigilant, et Qui trop embrasse mal étreint.

2 lithographies.

*18.*

## P. HUET

833. — Paysages divers.

*11 eaux-fortes.*

834. — Album de paysages.

*20 lithographies.*

## TH. LEBLANC

835. — Scènes et costumes de la Grèce, en 1828.

*5 lithographies.*

## D'APRÈS PRUD'HON

836. — Gravures et lithographies.

*15 pièces.*

## RAFFET

837. — Voyage dans la Russie méridionale et la Crimée. Exécuté en 1837, sous la direction de M. Anatole de Demidoff, dessiné d'après nature et lithographié par Raffet.

*Texte, lithographies et gravures d'histoire naturelle.*

838. — Retraite du bataillon sacré à Waterloo.

*Épreuve sur chine, grand papier.*

## LE PRINCE SOLTYKOFF

839. — Voyage dans l'Inde, pendant les années 1841 à 1846.

Imprimé par Auguste Bry.

# Gravures anciennes

## Ouvrages sur les arts et photographies

840. — D'après Michel-Ange.
39 pièces.

841. — D'après Raphaël.
84 pièces.

842. — École vénitienne.
24 pièces.

843. — Écoles diverses d'Italie.
144 pièces.

844. — École allemande.
126 pièces.

845. — Écoles flamande et hollandaise.
100 pièces.

846. — École française : Poussin, Wattcau, etc.
120 pièces.

847. — École anglaise : Chasses, animaux, etc.
72 pièces.

848. — Portraits divers.
134 pièces.

849. — Antiques, statues, bas-reliefs, etc.
129 pièces.

850. — Monuments, paysages, etc.
210 pièces.

851. — Animaux.
102 pièces.

852. — Ornements divers.
31 pièces.

853. — Costumes divers.
270 pièces.

854. — Les quatre livres d'Albert Durer.

Paris, chez Charles Périer, 1557.

855. — Proportions du corps humain, par Gérard Audran.

Paris, 1785.

856. — Recueil de cent estampes représentant les nations du Levant, par M. de Ferréol.

Paris, 1714.

857. — Entrée de l'empereur Sigismond à Mantoue, etc., etc.

---

858. — La Farnesine. — Musée de Turin, de Milan, etc., d'après Raphaël, statues antiques et du Moyen Age, etc.

Environ 300 pièces.

---

•

NOTA. — *Les plâtres, chevalets, ustensiles et objets d'atelier seront vendus le Mardi, 1er Mars, à l'atelier de M. Eugène Delacroix, rue Furstenberg, N° 6.*

PARIS. — IMPRIMERIE J. CLAYE, RUE SAINT-BENOIT, 7.

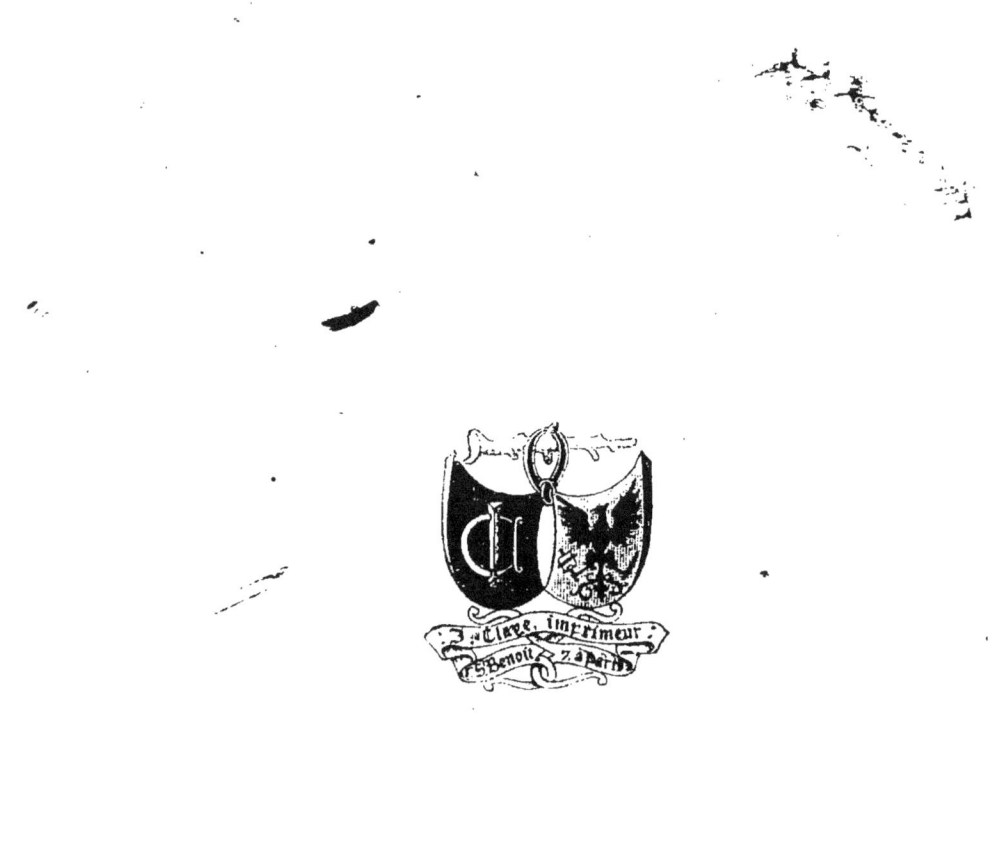

J. Clave, imprimeur.
5 Benoit 7 à Paris.

www.ingramcontent.com/pod-product-compliance
Lightning Source LLC
Chambersburg PA
CBHW071557220526
45469CB00003B/1041